RANJOT SINGH CHAHAL

Emprender con Éxito

Estrategias para una Gestión Empresarial Eficaz

First published by Rana Books 2024

Copyright © 2024 by Ranjot Singh Chahal

All rights reserved. No part of this publication may be reproduced, stored or transmitted in any form or by any means, electronic, mechanical, photocopying, recording, scanning, or otherwise without written permission from the publisher. It is illegal to copy this book, post it to a website, or distribute it by any other means without permission.

First edition

Contents

Capítulo 1: Comprensión de la gestión empresarial	1
Capítulo 2: Planificación	8
Capítulo 3: Organización	19
Capítulo 4: Liderar	27
Capítulo 5: Control	35
Capítulo 6: Toma de decisiones	42
Capítulo 7: Comunicación en la gestión	51
Capítulo 8: Gestión del cambio	61
Capítulo 9: Gestión de Recursos Humanos	69
Capítulo 10: Gestión financiera	77
Capítulo 11: Gestión de marketing	81
Capítulo 12: Gestión de Operaciones	88

Capítulo 1: Comprensión de la gestión empresarial

Importancia de la Gestión Empresarial:

La gestión empresarial es crucial para el éxito y la sostenibilidad de cualquier organización. Implica planificar, organizar, liderar y controlar los recursos para lograr los objetivos organizacionales de manera eficiente y efectiva. A continuación se presentan algunas razones clave que resaltan la importancia de la gestión empresarial:

1. Logro de los objetivos organizacionales:
   La gestión empresarial ayuda a alinear los esfuerzos de los empleados con las metas y objetivos de la organización. Garantiza que todos trabajen hacia un propósito común, lo que conduce a una mayor productividad y al éxito general.

2. Optimización de recursos:
   Una gestión eficaz garantiza que recursos como el capital humano, los recursos financieros y la tecnología se utilicen de forma óptima. Al gestionar los recursos de manera eficiente, las organizaciones pueden minimizar los costos y maximizar las ganancias.

3. Toma de decisiones:

Los gerentes desempeñan un papel crucial en la toma de decisiones importantes que pueden afectar el desempeño de la organización. Al utilizar su conocimiento y experiencia, los gerentes pueden tomar decisiones informadas que beneficien a la organización a largo plazo.

4. Adaptabilidad e Innovación:

En el dinámico entorno empresarial actual, la adaptabilidad y la innovación son claves para seguir siendo competitivos. Las prácticas de gestión eficaces permiten a las organizaciones adaptarse a los cambios en el mercado, las tendencias de la industria y la tecnología, fomentando la innovación y el crecimiento.

5. Gestión de Riesgos:

La gestión empresarial implica identificar riesgos potenciales y desarrollar estrategias para mitigarlos. Al gestionar los riesgos de forma proactiva, las organizaciones pueden protegerse de posibles amenazas e incertidumbres.

6. Compromiso y desarrollo de los empleados:

Los gerentes desempeñan un papel importante en la participación y el desarrollo de los empleados. Al proporcionar liderazgo, motivación y orientación, los gerentes pueden mejorar la moral, la productividad y la satisfacción laboral de los empleados.

Funciones de la Gerencia:

Las funciones de gestión abarcan un conjunto de actividades interrelacionadas que son esenciales para lograr los objetivos organizacionales. Las cuatro funciones principales de la gestión son planificar, organizar, dirigir y controlar. Aquí hay una descripción general de cada función:

1. Planificación:

La planificación implica establecer objetivos, identificar estrategias y desarrollar planes para lograr las metas organizacionales. Es la base del proceso de gestión y proporciona dirección y propósito para todas las actividades dentro de la organización. La planificación ayuda a determinar qué se debe hacer, cómo se hará y quién lo hará.

Ejemplo: una empresa minorista que planea expandir sus operaciones a un nuevo mercado realiza una investigación de mercado, establece objetivos de ventas y desarrolla una estrategia de marketing para ingresar al mercado con éxito.

2. Organización:

La organización implica estructurar recursos, tareas y roles dentro de la organización para facilitar el logro de objetivos. Incluye diseñar la estructura organizacional, asignar responsabilidades y establecer canales de comunicación para asegurar una coordinación y colaboración eficientes.

Ejemplo: una empresa manufacturera organiza su proceso de producción asignando tareas específicas a diferentes departamentos, definiendo relaciones jerárquicas y estableciendo flujos de trabajo para maximizar la eficiencia y la productividad.

3. Liderando:

Liderar implica guiar y motivar a los empleados para lograr

los objetivos organizacionales. Requiere comunicación eficaz, toma de decisiones y habilidades interpersonales para inspirar e influir en otros hacia objetivos comunes. Los líderes brindan dirección, apoyo y aliento a sus equipos.

Ejemplo: un líder de equipo en una empresa de software motiva y capacita a los miembros del equipo para cumplir con los plazos del proyecto, fomenta un ambiente de trabajo positivo y resuelve conflictos para garantizar la cohesión y el éxito del equipo.

4. Controlar:
El control implica monitorear el desempeño, medir los resultados y tomar acciones correctivas para garantizar que se logren los objetivos organizacionales. Requiere establecer estándares de desempeño, comparar los resultados reales con estos estándares e implementar cambios según sea necesario para mantener el progreso.

Ejemplo: el gerente de un hotel establece estándares de calidad para el servicio al huésped, revisa periódicamente los comentarios de los clientes y las métricas de desempeño, y aborda problemas como deficiencias en el servicio o ineficiencias operativas para mantener altos niveles de servicio.

Evolución de las teorías de la gestión:

El campo de la gestión ha evolucionado con el tiempo a medida que académicos y profesionales han explorado diferentes enfoques para gestionar organizaciones de forma eficaz. La evolución de las teorías de la gestión se puede clasificar en varias etapas principales, cada una de las cuales refleja las perspectivas y tendencias dominantes en las prácticas de gestión. A continuación se presentan algunos hitos clave en la evolución de las teorías de la gestión:

1. Escuela de Gestión Clásica (Finales del siglo XIX a principios del XX):

La escuela de gestión clásica surgió durante la Revolución Industrial y se centró en aumentar la eficiencia y la productividad en las organizaciones. Los contribuyentes clave a esta escuela de pensamiento incluyen a Frederick Taylor, Henri Fayol y Max Weber. Los principios de gestión científica de Taylor enfatizaban la especialización de tareas, la estandarización y el análisis sistemático del flujo de trabajo para mejorar la productividad. Los principios de gestión de Fayol destacaban funciones como la planificación, organización, mando, coordinación y control como esenciales para una gestión eficaz. La teoría de la gestión burocrática de Weber hacía hincapié en las estructuras, reglas y procedimientos jerárquicos para garantizar la eficiencia organizacional.

Ejemplo: una empresa de fabricación de automóviles adopta los principios de gestión científica de Taylor al analizar los procesos de producción, implementar estudios de tiempo-movimiento y optimizar los flujos de trabajo para aumentar la producción y reducir los costos.

2. Movimiento de Relaciones Humanas (décadas de 1930 a 1950):

El movimiento de relaciones humanas surgió como respuesta a las deficiencias de las teorías clásicas de la gestión, que a menudo descuidaban los aspectos humanos de las organizaciones. Académicos como Elton Mayo y Abraham Maslow enfatizaron la importancia de las relaciones sociales, la motivación y la satisfacción de los empleados en el desempeño organizacional. Argumentaron que tratar bien a los empleados, brindar oportunidades de participación y fomentar un ambiente de trabajo positivo podría conducir a una mejora de la productividad y la moral.

Ejemplo: una empresa minorista implementa los hallazgos de los estudios Hawthorne al involucrar a los empleados en los procesos de toma de decisiones, reconociendo sus contribuciones y creando un ambiente de trabajo de apoyo para mejorar el compromiso y la satisfacción laboral de los empleados.

3. Teoría de la Contingencia (década de 1960 hasta la actualidad):
La teoría de la contingencia reconoce que no existe un enfoque único para la gestión y que las prácticas de gestión eficaces dependen del contexto y las circunstancias específicas de cada situación. Académicos como Joan Woodward y James Thompson destacaron la importancia de adaptar las prácticas de gestión para que coincidan con la estructura, la cultura, los objetivos y el entorno de la organización. La teoría de la contingencia enfatiza la necesidad de flexibilidad, adaptación y capacidad de respuesta en los enfoques de gestión para lograr resultados óptimos.

Ejemplo: una startup tecnológica adopta una estructura organizacional flexible y prácticas ágiles de gestión de proyectos para responder rápidamente a los cambios del mercado, promover la innovación y adaptarse a las necesidades cambiantes de los clientes.

4. Enfoques de gestión modernos (siglo XXI):

CAPÍTULO 1: COMPRENSIÓN DE LA GESTIÓN EMPRESARIAL

Los enfoques de gestión modernos se centran en integrar los principios de gestión tradicionales con las tendencias contemporáneas como la globalización, la tecnología, la sostenibilidad y la diversidad. Hoy en día, los gerentes enfrentan desafíos como la disrupción digital, el trabajo remoto, consideraciones éticas y la sostenibilidad ambiental, lo que les exige adoptar la innovación, la colaboración y la responsabilidad social en sus prácticas de liderazgo. La gestión moderna enfatiza la importancia de la transformación digital, la agilidad estratégica, la gestión del talento y la participación de las partes interesadas para impulsar el éxito organizacional.

Ejemplo: una corporación multinacional aprovecha las tecnologías digitales, el análisis de datos y la inteligencia artificial para optimizar sus operaciones, mejorar las experiencias de los clientes y obtener una ventaja competitiva en el mercado global.

En conclusión, comprender la gestión empresarial es esencial para gestionar eficazmente las organizaciones y navegar por las complejidades del mundo empresarial. Al reconocer la importancia de la gestión empresarial, comprender las funciones de la gestión y explorar la evolución de las teorías de la gestión, las personas pueden desarrollar el conocimiento, las habilidades y la mentalidad necesarios para liderar organizaciones con éxito e impulsar el crecimiento y la innovación sostenibles.

Capítulo 2: Planificación

La planificación es un aspecto crucial de la gestión organizacional que implica establecer objetivos y decidir de antemano las acciones necesarias para lograr esos objetivos. Es un proceso sistemático que ayuda a las organizaciones a definir sus objetivos y desarrollar estrategias para alcanzarlos de manera eficiente. En este capítulo, profundizaremos en diferentes tipos de planificación, incluida la planificación estratégica, la planificación operativa y el establecimiento de metas y objetivos.

Planificación estratégica

La planificación estratégica es un proceso de planificación de alto nivel que implica definir los objetivos a largo plazo de una organización y determinar las mejores estrategias para lograr esos objetivos. Se centra en la organización como un todo e implica la toma de decisiones que afectan la dirección y el alcance de la organización. La planificación estratégica suele tener una visión de futuro de 3 a 5 años o incluso más, dependiendo de la industria de la organización y la dinámica del mercado.

Importancia de la planificación estratégica

1. Alineación de objetivos: la planificación estratégica garantiza que todos los niveles de la organización estén alineados con

las mismas metas y objetivos generales.

2. Asignación de recursos: ayuda a asignar recursos de manera efectiva a áreas que son cruciales para lograr objetivos a largo plazo.

3. Ventaja competitiva: al identificar fortalezas, debilidades, oportunidades y amenazas, la planificación estratégica ayuda a las organizaciones a obtener una ventaja competitiva en el mercado.

4. Adaptación: la planificación estratégica permite a las organizaciones adaptarse a las condiciones cambiantes del mercado y seguir siendo relevantes en un entorno empresarial dinámico.

Ejemplo de planificación estratégica

Consideremos una corporación tecnológica multinacional que planea expandir su participación de mercado a nivel mundial durante los próximos cinco años. El proceso de planificación estratégica puede implicar analizar las tendencias del mercado, identificar oportunidades potenciales de crecimiento en mercados emergentes, desarrollar productos innovadores y establecer asociaciones con partes interesadas clave. Al establecer objetivos a largo plazo y desarrollar iniciativas estratégicas, la organización puede posicionarse como líder del mercado en la industria tecnológica.

Planificación operativa

La planificación operativa es el proceso de traducir metas y objetivos estratégicos en acciones específicas que los departamentos y las personas dentro de una organización deben tomar para lograr esas metas. Se centra en planes a corto plazo (normalmente dentro de un año) e implica una planificación detallada de las actividades diarias, la asignación de recursos y la asignación de tareas.

Importancia de la planificación operativa

1. Eficiencia: La planificación operativa garantiza que los recursos se utilicen de manera efectiva para lograr objetivos a corto plazo.

2. Coordinación: ayuda a coordinar actividades entre diferentes departamentos para garantizar la alineación con los objetivos estratégicos.

3. Control: La planificación operativa proporciona una base para monitorear el progreso y realizar los ajustes necesarios para garantizar que se cumplan las metas.

4. Gestión de riesgos: al identificar riesgos potenciales y desarrollar planes de contingencia, la planificación operativa ayuda a mitigar las incertidumbres.

¡Ciertamente!

Capítulo 2: Planificación: planificación estratégica, planificación operativa, establecimiento de metas y objetivos

En este capítulo profundizamos en los aspectos críticos de la planificación dentro de una organización. La planificación es una función crucial que establece la dirección estratégica y el marco operativo para lograr los objetivos organizacionales. Implica establecer objetivos, pronosticar escenarios futuros y delinear las acciones necesarias para alcanzar los resultados deseados.

Planificación estratégica

CAPÍTULO 2: PLANIFICACIÓN

La planificación estratégica es el proceso de definir la estrategia de una organización, tomar decisiones sobre la asignación de recursos y alinear iniciativas para lograr objetivos a largo plazo. Implica analizar el entorno externo, identificar oportunidades y amenazas, evaluar las capacidades internas y formular estrategias para posicionar a la organización para el éxito.

Componentes de la planificación estratégica:

1. Visión y Misión: Establecer una visión clara del estado futuro de la organización y definir su propósito a través de una declaración de misión.

Ejemplo: la misión de Google es "Organizar la información del mundo y hacerla universalmente accesible y útil". Esto guía todas sus decisiones estratégicas.

2. Análisis Ambiental: Realizar un análisis FODA (Fortalezas, Debilidades, Oportunidades, Amenazas) para comprender los factores internos y externos que influyen en la organización.

Ejemplo: la planificación estratégica de Apple implica analizar las tendencias del mercado, las preferencias de los consumidores y los avances tecnológicos para mantenerse por delante de la competencia.

3. Establecimiento de objetivos: establecimiento de objetivos generales que definan los resultados deseados de la organización a largo plazo.

Ejemplo: el objetivo estratégico de Tesla de acelerar la transición mundial hacia la energía sostenible impulsa la innovación de sus productos y la expansión del mercado.

4. Formulación de estrategias: desarrollar estrategias que aprovechen las fortalezas, aborden las debilidades, capitalicen las oportunidades y mitiguen las amenazas para lograr los objetivos de la organización.

Ejemplo: el enfoque estratégico de Amazon en la experiencia del cliente, la eficiencia operativa y la innovación ha permitido su rápido crecimiento y dominio del mercado.

5. Asignación de recursos: Asignar recursos como presupuesto, personal y tecnología para apoyar la implementación de iniciativas estratégicas.

Ejemplo: Microsoft invierte estratégicamente en investigación y desarrollo para impulsar la innovación en tecnologías emergentes como la inteligencia artificial y la computación en la nube.

6. Monitoreo y Evaluación: Establecer indicadores clave de desempeño (KPI) para rastrear el progreso hacia las metas estratégicas y realizar ajustes basados en los datos de desempeño.

Ejemplo: Walmart evalúa periódicamente la satisfacción del cliente, las métricas de ventas y la eficiencia operativa para garantizar la alineación con sus objetivos estratégicos.

Importancia de la planificación estratégica:

- Visión a largo plazo: proporciona una hoja de ruta para la dirección futura de la organización y ayuda a alinear las decisiones con los objetivos a largo plazo.

- Ventaja competitiva: permite a las organizaciones anticipar las tendencias del mercado, capitalizar oportunidades y mantenerse por delante de la competencia.

- Optimización de recursos: ayuda a asignar recursos de manera eficiente para centrarse en iniciativas de alto impacto que impulsen el crecimiento sostenible.

- Adaptabilidad: Permite flexibilidad para responder a los cambios en el entorno empresarial y optimizar las estrategias en consecuencia.

Planificación operativa

La planificación operativa se centra en las actividades diarias dentro de una organización para apoyar la implementación de objetivos estratégicos. Implica definir tareas, establecer plazos, asignar recursos y monitorear el progreso para garantizar la eficiencia y eficacia operativa.

Componentes de la planificación operativa:

1. Establecer objetivos: establecer objetivos específicos, medibles, alcanzables, relevantes y con plazos determinados (SMART) que se alineen con las metas estratégicas.

Ejemplo: una empresa manufacturera que establece un objetivo de producción mensual para cumplir con las previsiones de demanda y los objetivos de ingresos.

2. Asignación de tareas: Asignar responsabilidades y tareas a individuos o equipos para garantizar que las actividades operativas se coordinen y completen a tiempo.

Ejemplo: un director de proyecto que asigna tareas específicas a los miembros del equipo en función de su experiencia y disponibilidad para cumplir con los plazos del proyecto.

3. Planificación de recursos: Identificar los recursos necesarios, como presupuesto, personal, equipos y materiales, para respaldar las actividades operativas.

Ejemplo: un restaurante que planifica niveles de personal, adquisición de ingredientes y mantenimiento de equipos para brindar un servicio de calidad a los clientes.

4. Desarrollo del cronograma: creación de un cronograma o cronograma que describa la secuencia de actividades, plazos, dependencias e hitos para realizar un seguimiento del progreso.

Ejemplo: una empresa constructora que desarrolla un cronograma de proyecto para garantizar la finalización oportuna de las diferentes fases de un proyecto de construcción.

5. Gestión de riesgos: identificar riesgos potenciales, desarrollar estrategias de mitigación e implementar planes de contingencia para abordar desafíos imprevistos.

Ejemplo: un departamento de TI que prepara planes de respaldo y recuperación ante desastres para minimizar el tiempo de inactividad en caso de falla del sistema o ataques cibernéticos.

6. Monitoreo del desempeño: seguimiento de los indicadores clave de desempeño (KPI), evaluación del progreso y realización de ajustes para garantizar la eficiencia y eficacia operativa.

Ejemplo: un equipo de ventas que monitorea las métricas de ventas, los comentarios de los clientes y las tendencias del mercado para ajustar las estrategias de ventas y lograr los objetivos de ingresos.

Importancia de la planificación operativa:

- Eficiencia: agiliza las operaciones diarias y garantiza que los recursos se utilicen de manera efectiva para lograr los resultados deseados.

- Coordinación: Facilita la coordinación entre diferentes departamentos y equipos para trabajar por objetivos comunes.

- Adaptabilidad: permite a las organizaciones responder rápidamente a los cambios en el entorno operativo ajustando planes y prioridades.

- Mitigación de Riesgos: Identifica riesgos potenciales y prepara planes de contingencia para minimizar las interrupciones y asegurar la continuidad de las operaciones.

Establecer metas y objetivos

Establecer metas y objetivos es un aspecto fundamental del proceso de planificación, ya que proporciona una dirección y un propósito claros para individuos y organizaciones. Las metas son declaraciones amplias y cualitativas de los resultados deseados, mientras que los objetivos son metas específicas y mensurables que ayudan a rastrear el progreso hacia el logro de esos resultados.

Características de las metas y objetivos eficaces:

1. Específico: Las metas y objetivos deben ser claros, bien definidos y específicos al describir lo que se debe lograr.

Ejemplo: aumentar la participación de mercado en un 10% en el próximo año fiscal es un objetivo específico que proporciona un objetivo claro para el equipo de ventas.

2. Mensurable: Las metas y objetivos deben incluir métricas cuantitativas o cualitativas que puedan usarse para rastrear el progreso y evaluar el éxito.

Ejemplo: Lograr un índice de satisfacción del cliente del 90% es un objetivo mensurable que proporciona un punto de referencia para la calidad del servicio.

3. Alcanzable: Las metas y objetivos deben ser realistas y alcanzables en función de los recursos, capacidades y limitaciones externas existentes.

4. Relevante: Las metas y objetivos deben estar alineados con la misión, visión y prioridades estratégicas de la organización para garantizar que contribuyan al éxito general.

Ejemplo: el lanzamiento de una nueva línea de productos que complemente las ofertas existentes se alinea con la estrategia de crecimiento de la empresa.

5. Con plazos determinados: Las metas y objetivos deben tener un plazo o fecha límite definidos para su finalización para crear un sentido de urgencia y responsabilidad.

Ejemplo: aumentar las ventas en línea en un 20% en seis meses proporciona un cronograma claro para lograr el objetivo de ventas.

Importancia de establecer metas y objetivos:

- Dirección: Proporciona un sentido claro de dirección y propósito, guiando la toma de decisiones y la priorización de esfuerzos.

- Motivación: establece expectativas e hitos claros para individuos y equipos, motivándolos a concentrarse en lograr resultados específicos.

- Medición: Permite el seguimiento del progreso y la evaluación del desempeño basado en métricas predefinidas, facilitando la rendición de cuentas y la mejora continua.

- Alineación: Garantiza la alineación entre los objetivos individuales, departamentales y organizacionales para fomentar la colaboración y la sinergia en toda la organización.

En resumen, una planificación eficaz, incluida la planificación estratégica, la planificación operativa y el establecimiento de metas y objetivos, es esencial para que las organizaciones superen los desafíos, aprovechen las oportunidades y logren un crecimiento sostenible. Al integrar estos procesos de planificación en sus prácticas de gestión, las organizaciones pueden mejorar su agilidad, capacidad de respuesta y competitividad en el dinámico panorama empresarial actual.

Capítulo 3: Organización

La organización es una función crucial de la gestión que implica organizar recursos, tareas y personas para lograr los objetivos de una organización de manera eficiente y efectiva. En este capítulo profundizaremos en tres aspectos fundamentales de la organización: estructura organizacional, delegación de autoridad y departamentalización.

Estructura organizativa

La estructura organizacional se refiere al marco que dicta cómo se dividen, agrupan y coordinan las actividades dentro de una organización. Define la jerarquía de autoridad, las relaciones jerárquicas y los canales de comunicación. La estructura organizacional se puede diseñar de varias maneras según el tamaño, la naturaleza y los objetivos de la organización. Exploremos algunos tipos comunes de estructuras organizativas:

1. Estructura funcional: en una estructura funcional, las actividades se agrupan en función de funciones como marketing, finanzas, operaciones y recursos humanos. Este tipo de estructura promueve la especialización y permite una asignación eficiente de recursos dentro de cada área funcional.

Ejemplo: una gran empresa manufacturera puede tener departamentos de producción, marketing, finanzas y recursos humanos, cada uno dirigido por un gerente funcional.

2. Estructura divisional: en una estructura divisional, la organización se divide en divisiones independientes basadas en productos, regiones geográficas o segmentos de clientes. Cada división opera como una entidad separada con sus propios recursos y funciones.

Ejemplo: una corporación multinacional puede tener divisiones separadas para diferentes líneas de productos, cada una con sus propias funciones de ventas, marketing y producción.

3. Estructura matricial: Una estructura matricial combina elementos de estructuras funcionales y divisionales. Los empleados dependen tanto de un gerente funcional como de un gerente de proyecto, lo que permite la colaboración y la flexibilidad entre funciones.

Ejemplo: una empresa constructora puede utilizar una estructura matricial para proyectos grandes en los que colaboran empleados de diferentes áreas funcionales, como ingeniería, adquisiciones y operaciones.

4. Estructura plana: en una estructura plana, hay pocos niveles de gestión entre los empleados de primera línea y los altos ejecutivos. Esta estructura promueve una rápida toma de decisiones y canales de comunicación abiertos.

Ejemplo: una empresa nueva puede tener una estructura organizativa plana en la que el director ejecutivo supervisa directamente un pequeño equipo de empleados.

5. Estructura jerárquica: en una estructura jerárquica, existe una cadena de mando clara donde las decisiones fluyen desde la alta dirección hasta los empleados de nivel inferior. Esta estructura es común en organizaciones tradicionales con relaciones rígidas de rendición de cuentas.

Ejemplo: una agencia gubernamental puede tener una estructura jerárquica con múltiples niveles de gestión, supervisores y trabajadores de primera línea.

Elegir la estructura organizativa adecuada es esencial para maximizar la eficiencia, la comunicación y la productividad de los empleados dentro de una organización. Cada estructura tiene sus ventajas y desafíos, y la elección óptima depende del tamaño, la industria, la cultura y los objetivos estratégicos de la organización.

Delegación de autoridad

La delegación de autoridad es el proceso de asignar responsabilidad y autoridad para tomar decisiones a los empleados en diferentes niveles de la organización. La delegación efectiva es crucial para empoderar a los empleados, promover la autonomía y permitir que los gerentes se concentren en tareas estratégicas. A continuación se detallan los principios clave y los beneficios de la delegación:

1. Principios de Delegación:

- Instrucciones claras: al delegar tareas, los gerentes deben proporcionar instrucciones, pautas y expectativas claras para garantizar que los empleados comprendan sus responsabilidades.

- Emparejar tareas con habilidades: las tareas delegadas deben alinearse con las habilidades, experiencia y capacidades de los empleados para garantizar una finalización exitosa.

- Autoridad y rendición de cuentas: Delegar autoridad también implica asignar responsabilidad por los resultados de las tareas delegadas. Los empleados deben ser responsables de su desempeño.

- Retroalimentación y apoyo: los gerentes deben brindar retroalimentación, orientación y apoyo a los empleados durante todas las tareas delegadas para facilitar el aprendizaje y el desarrollo.

2. Beneficios de la Delegación:

- Mayor eficiencia: la delegación permite que las tareas se completen de manera más rápida y eficiente al distribuir el trabajo entre empleados capaces.

- Desarrollo de empleados: delegar tareas ayuda a los empleados a mejorar sus habilidades, adquirir experiencia y generar confianza en sus habilidades.

- Centrarse en tareas estratégicas: los gerentes pueden centrarse en la planificación estratégica, la toma de decisiones y las tareas de alta prioridad delegando actividades rutinarias u operativas.

- Compromiso de los empleados: la delegación empodera a los empleados, eleva la moral y fomenta un sentido de propiedad y responsabilidad dentro de la organización.

Ejemplo de delegación:

Supongamos que un director de marketing delega la tarea de organizar un evento promocional en un coordinador de marketing. El gerente proporciona instrucciones detalladas, restricciones presupuestarias y resultados deseados para el evento. El coordinador de marketing es responsable de coordinar con los proveedores, seleccionar el lugar, crear materiales promocionales y garantizar el éxito del evento. Durante todo el proceso, el gerente brinda orientación, retroalimentación y apoyo al coordinador. Una vez que se completa el evento, el coordinador es responsable de evaluar su efectividad e informar al gerente.

departamentalización

La departamentalización es el proceso de agrupar actividades, tareas y recursos en distintos departamentos dentro de una organización. La departamentalización es esencial para promover la especialización, la coordinación y la comunicación entre los empleados. A continuación se muestran métodos comunes de departamentalización:

1. Departamentalización funcional: las actividades se agrupan en función de funciones como marketing, finanzas, operaciones y recursos humanos. Este tipo de departamentalización permite la especialización y experiencia dentro de cada área funcional.

Ejemplo: una empresa manufacturera puede tener departamentos separados de producción, ventas, finanzas e investigación y desarrollo.

2. Departamentalización de productos: Las actividades se agrupan en función de productos o líneas de productos específicos. Este enfoque de departamentalización es adecuado para organizaciones con diversas carteras de productos.

Ejemplo: una empresa de bienes de consumo puede tener departamentos separados para productos alimenticios, productos de cuidado personal y artículos para el hogar.

3. Departamentalización Geográfica: Las actividades se agrupan en función de regiones o ubicaciones geográficas. Este enfoque de departamentalización es común en corporaciones multinacionales que operan en diferentes países o regiones.

Ejemplo: una cadena minorista internacional puede tener departamentos separados para América del Norte, Europa, Asia y América Latina, cada uno de los cuales gestiona operaciones en sus respectivas regiones.

4. Departamentalización de clientes: Las actividades se agrupan en función de segmentos o tipos de clientes. Este enfoque de departamentalización es beneficioso para las organizaciones que atienden a distintos grupos de clientes con necesidades únicas.

Ejemplo: una empresa de servicios financieros puede tener departamentos separados para clientes minoristas, clientes corporativos e individuos de alto patrimonio.

5. Departamentalización de procesos: las actividades se agrupan en función de procesos o flujos de trabajo específicos. Este

enfoque de departamentalización es eficaz para organizaciones con procesos complejos de producción o prestación de servicios.

Ejemplo: una empresa de desarrollo de software puede tener departamentos separados para programación, pruebas, control de calidad y gestión de proyectos.

Cada método de departamentalización tiene sus ventajas y desafíos, y las organizaciones suelen utilizar una combinación de enfoques de departamentalización para satisfacer sus necesidades específicas. La elección de la departamentalización depende de factores como el tamaño de la organización, la industria, la oferta de productos/servicios y los objetivos estratégicos.

Conclusión

En conclusión, la organización juega un papel vital para garantizar el funcionamiento eficiente de una organización al estructurar los recursos, las tareas y las personas de manera coordinada. La estructura organizacional define cómo se agrupan y coordinan las actividades, la delegación de autoridad empodera a los empleados y promueve la responsabilidad, y la departamentalización facilita la especialización y la coordinación dentro de una organización.

Al comprender e implementar principios organizativos eficaces, los gerentes pueden mejorar la eficiencia organizacional, el compromiso de los empleados y el desempeño general. La evaluación y adaptación continua de las estructuras organizativas, las prácticas de delegación y los métodos de departamentalización son esenciales para satisfacer las necesidades y desafíos cambiantes del dinámico entorno empresarial actual.

Capítulo 4: Liderar

En cualquier organización, el liderazgo juega un papel crucial al guiar a las personas y a los equipos hacia el logro de metas y objetivos comunes. El liderazgo eficaz implica una combinación de la adopción de estilos de liderazgo adecuados, el empleo de técnicas de motivación para inspirar e involucrar a los empleados y el fomento de un entorno de equipo cohesivo a través de actividades de formación de equipos. En este capítulo profundizaremos en estos tres aspectos clave del liderazgo: estilos de liderazgo, técnicas de motivación y formación de equipos.

1. Estilos de liderazgo:

Los estilos de liderazgo se refieren al enfoque que adopta un líder para brindar dirección, implementar planes y motivar a los miembros del equipo. A lo largo de los años se han identificado varios estilos de liderazgo, cada uno con sus características únicas e impactos en el desempeño organizacional. Analicemos algunos estilos de liderazgo destacados:

1.1. Liderazgo autocrático:

El liderazgo autocrático se caracteriza por centralizar el poder de toma de decisiones en manos del líder. En este estilo, el líder toma todas las decisiones sin consultar a los miembros del equipo, lo que puede resultar en una toma de decisiones rápida pero puede llevar a una disminución de la moral y la motivación entre los empleados. Un ejemplo de líder autocrático es Steve Jobs durante su etapa en Apple, conocido por su estricto control sobre el diseño de productos y la toma de decisiones.

1.2. Liderazgo democrático:

El liderazgo democrático implica recopilar opiniones de los miembros del equipo antes de tomar decisiones. Los líderes de este estilo valoran la colaboración y buscan el consenso entre los miembros del equipo. Este enfoque mejora el compromiso de los empleados y fomenta un sentido de propiedad entre los miembros del equipo. Un ejemplo notable de líder democrático es Indra Nooyi, ex directora ejecutiva de PepsiCo, quien fomentó la comunicación abierta y la participación en los procesos de toma de decisiones.

1.3. Liderazgo transformacional:

El liderazgo transformacional se centra en inspirar y motivar a los miembros del equipo para alcanzar altos niveles de desempeño. Los líderes que adoptan este estilo suelen exhibir carisma, visión y capacidad para empoderar a los demás. Fomentan la innovación y ayudan a las personas a alcanzar su máximo potencial. Un líder transformacional ejemplar es Elon Musk, conocido por su enfoque visionario y su capacidad para inspirar a sus equipos en empresas como Tesla y SpaceX.

1.4. Liderazgo de servicio:

CAPÍTULO 4: LIDERAR

El liderazgo de servicio enfatiza servir las necesidades de los demás antes que el interés propio. Los líderes de este estilo priorizan el crecimiento y el bienestar de sus empleados, con el objetivo de apoyarlos y desarrollarlos para que alcancen su máximo potencial. Mahatma Gandhi es un ejemplo histórico de líder servidor, conocido por su dedicación desinteresada al servicio de los demás y por liderar con el ejemplo.

1.5. Liderazgo del Laissez-Faire:

El liderazgo de laissez-faire implica un enfoque de no intervención, donde los líderes delegan la autoridad para tomar decisiones a los miembros del equipo. Este estilo puede promover la creatividad y la autonomía, pero puede generar una falta de dirección y responsabilidad. Un ejemplo de líder de laissez-faire es Richard Branson, quien permite a sus equipos en Virgin Group la libertad de innovar y tomar decisiones de forma independiente.

2. Técnicas de Motivación:

La motivación es esencial para impulsar el desempeño, el compromiso y la satisfacción de los empleados dentro de una organización. Los líderes eficaces emplean diversas técnicas de motivación para inspirar y animar a los miembros de su equipo. Exploremos algunas técnicas de motivación comprobadas:

2.1. Reconocimiento y Recompensa:

El reconocimiento y la recompensa son motivadores poderosos que reconocen los esfuerzos y logros de los empleados. Los líderes pueden expresar su agradecimiento mediante reconocimiento verbal, premios, bonificaciones, promociones u otros incentivos. Al reconocer y recompensar el desempeño sobresaliente, los líderes pueden elevar la moral y reforzar los comportamientos deseados. Por ejemplo, el programa de "bonos por pares" de Google permite a los empleados reconocer y recompensar a sus pares por sus contribuciones sobresalientes.

2.2. El establecimiento de metas:

Establecer metas claras y alcanzables es una técnica de motivación fundamental utilizada por los líderes para alinear los esfuerzos individuales con los objetivos organizacionales. Al establecer objetivos SMART (específicos, mensurables, alcanzables, relevantes y con plazos determinados), los líderes brindan a los empleados una dirección y un propósito claros, aumentando la motivación y el enfoque. Por ejemplo, la práctica de Amazon de establecer objetivos ambiciosos pero alcanzables para sus equipos ayuda a impulsar la innovación y el rendimiento.

2.3. Oportunidades de desarrollo profesional:

Ofrecer oportunidades de avance y crecimiento profesional es un motivador clave para los empleados. Los líderes pueden apoyar el desarrollo de los miembros de su equipo brindándoles capacitación, tutoría y oportunidades para mejorar sus habilidades. Al invertir en el crecimiento de los empleados, los líderes demuestran su compromiso con el éxito y el bienestar de su equipo. Empresas como Apple y Microsoft a menudo priorizan el desarrollo profesional interno para nutrir el talento y retener a los mejores.

2.4. Comentarios y comunicación:

La retroalimentación periódica y la comunicación abierta son técnicas de motivación esenciales que ayudan a los empleados a comprender su progreso, identificar áreas de mejora y mantenerse comprometidos. Los líderes deben brindar comentarios constructivos, elogiar los logros y escuchar las preocupaciones de los miembros de su equipo para generar confianza y motivar el desempeño. Empresas como Salesforce utilizan un marco "V2MOM" que facilita la comunicación transparente y la alineación de objetivos en todos los niveles de la organización.

2.5. Motivación intrínseca:

La motivación intrínseca, que surge de los deseos y valores internos, desempeña un papel vital a la hora de impulsar el compromiso y la satisfacción de los empleados. Los líderes pueden aprovechar motivadores intrínsecos como la autonomía, el dominio y el propósito para inspirar a las personas a sobresalir en sus funciones. Al fomentar una cultura que valore los motivadores intrínsecos, los líderes pueden capacitar a los empleados para que se desempeñen al máximo. Por ejemplo, el compromiso de Patagonia con la sostenibilidad ambiental refuerza el sentido de propósito y la conexión de los empleados con la misión de la empresa.

3. Formación de equipos:

Las actividades de formación de equipos son esenciales para fortalecer las relaciones, mejorar la colaboración y fomentar un sentido de unidad entre los miembros del equipo. Los líderes eficaces reconocen la importancia de la formación de equipos e implementan diversas estrategias para crear equipos cohesivos y de alto rendimiento. Exploremos algunas técnicas clave de formación de equipos:

3.1. Actividades para romper el hielo:

Las actividades para romper el hielo son ejercicios introductorios diseñados para ayudar a los miembros del equipo a conocerse y establecer una buena relación. Estas actividades pueden incluir almuerzos en equipo, sesiones informales de lluvia de ideas o juegos de formación de equipos que fomenten la interacción social y creen un ambiente cómodo para la colaboración. Al derribar barreras y fomentar conexiones, los rompehielos establecen un tono positivo para el trabajo en equipo. Por ejemplo, Airbnb incorpora sesiones para romper el hielo durante los retiros del equipo fuera del sitio para facilitar el vínculo entre los empleados.

3.2. Talleres de Team Building:

Los talleres de formación de equipos brindan oportunidades para que los miembros del equipo participen en tareas colaborativas, ejercicios de desarrollo de habilidades y actividades de resolución de problemas. Estos talleres fomentan la comunicación, la creación de confianza y experiencias de aprendizaje compartido que mejoran la dinámica y la cohesión del equipo. Los líderes pueden organizar talleres centrados en objetivos específicos, como mejorar la comunicación o fomentar la innovación, para promover la unidad y la eficacia del equipo. Empresas como Pixar programan talleres periódicos para mejorar la creatividad y la colaboración entre sus equipos de animación.

3.3. Retiros de formación de equipos:

Los retiros de formación de equipos ofrecen una experiencia

más intensiva e inmersiva para que los miembros del equipo se conecten, establezcan vínculos y participen en actividades de formación de equipos fuera del entorno de trabajo habitual. Los retiros suelen incluir desafíos al aire libre, ejercicios de formación de equipos y sesiones de reflexión que promueven la unidad del equipo y las experiencias compartidas. Los líderes pueden utilizar los retiros como una oportunidad para fortalecer las relaciones, elevar la moral y alinear los objetivos del equipo. Por ejemplo, Facebook organiza retiros anuales fuera del sitio para que sus equipos fomenten la colaboración y la innovación.

3.4. Proyectos multifuncionales:

Los proyectos multifuncionales involucran equipos de diferentes departamentos o disciplinas que colaboran en un proyecto o iniciativa común. Este enfoque permite a los miembros del equipo aprovechar diversas habilidades, perspectivas y experiencia para lograr objetivos compartidos. Los líderes pueden facilitar proyectos multifuncionales para fomentar la colaboración, el intercambio de conocimientos y la innovación en toda la organización. Empresas como Google suelen formar equipos multifuncionales para impulsar el desarrollo de productos y promover la colaboración interdisciplinaria.

3.5. Juegos y actividades de formación de equipos:

Los juegos y actividades para formar equipos brindan una forma divertida y atractiva para que los miembros del equipo fortalezcan las relaciones, mejoren la comunicación y desarrollen habilidades para resolver problemas. Estas actividades pueden variar desde ejercicios de confianza y búsquedas del tesoro hasta simulaciones de juegos de rol y desafíos grupales. Al incorporar elementos lúdicos en las iniciativas de formación de equipos, los líderes pueden fomentar una cultura de equipo positiva y de apoyo. Por ejemplo, Microsoft organiza hackatones y torneos de juegos para promover el trabajo en equipo y la creatividad entre sus empleados.

Conclusión:

En conclusión, el liderazgo eficaz implica dominar varios estilos de liderazgo, emplear técnicas de motivación e implementar estrategias de formación de equipos para inspirar, involucrar y unir a los miembros del equipo hacia objetivos comunes. Al comprender y adoptar diversos estilos de liderazgo, los líderes pueden adaptar su enfoque a diferentes situaciones e individuos, maximizando la efectividad organizacional. Las técnicas de motivación permiten a los líderes cultivar una fuerza laboral motivada y comprometida, impulsando el desempeño y fomentando una cultura de excelencia. Las actividades de formación de equipos fortalecen las relaciones, promueven la colaboración y crean un sentido de pertenencia dentro de los equipos, mejorando la productividad y el éxito general. Al dominar estos aspectos clave del liderazgo, los líderes pueden crear un ambiente de trabajo positivo, empoderar a sus equipos e impulsar el crecimiento sostenible y el éxito dentro de sus organizaciones.

Capítulo 5: Control

En el ámbito de la gestión, el control juega un papel fundamental para garantizar que las actividades organizacionales se alineen con los planes y objetivos establecidos. Al implementar sistemas de control, evaluar el desempeño y tomar acciones correctivas según sea necesario, los gerentes pueden monitorear y regular efectivamente las operaciones de la organización para lograr los resultados deseados. En este capítulo, profundizamos en los aspectos clave del control, exploramos el proceso de establecer sistemas de control, realizar evaluaciones de desempeño e implementar acciones correctivas para impulsar el éxito organizacional. A través de una combinación de conocimientos teóricos y ejemplos prácticos, nuestro objetivo es proporcionar una comprensión integral de cómo funciona el control dentro del marco más amplio de la gestión.

Establecimiento de sistemas de control:

Los sistemas de control sirven como base para un control de gestión eficaz, proporcionando a los gerentes las herramientas y mecanismos necesarios para monitorear y regular las actividades de la organización. Estos sistemas ayudan a garantizar que se cumplan los objetivos de la organización, que el desempeño vaya por buen camino y que los recursos se utilicen de manera eficiente. El proceso de establecimiento de sistemas de control implica varios pasos clave:

1. Establecimiento de objetivos: Los sistemas de control comienzan con objetivos claramente definidos que sirven como criterio con el que se medirá el desempeño. Los objetivos deben ser específicos, mensurables, alcanzables, relevantes y con plazos determinados (SMART) para guiar el proceso de control de manera efectiva.

2. Desarrollo de estándares: Los estándares son puntos de referencia o criterios con los que se puede comparar el desempeño real. Estos pueden ser cuantitativos (como objetivos de ventas o producción) o cualitativos (como niveles de satisfacción del cliente). Los estándares proporcionan un punto de referencia para evaluar el desempeño e identificar desviaciones.

3. Establecimiento de medidas de control: Las medidas de control incluyen las herramientas y técnicas utilizadas para recopilar datos sobre el desempeño y compararlos con los estándares establecidos. Esto puede implicar el establecimiento de mecanismos de presentación de informes, la realización de revisiones de desempeño o el uso de indicadores clave de desempeño (KPI) para realizar un seguimiento del progreso.

4. Implementación de procesos de control: una vez que los estándares y medidas están establecidos, los gerentes deben implementar procesos de control para monitorear el desempeño. Esto puede implicar revisiones periódicas del desempeño, análisis de datos, sesiones de retroalimentación y otras actividades

CAPÍTULO 5: CONTROL

destinadas a evaluar el progreso hacia las metas.

Ejemplo: sistema de control de cadena minorista

Considere una cadena minorista que pretende aumentar sus ingresos por ventas en un 10% en el próximo trimestre. Para establecer un sistema de control para este objetivo, la empresa establece objetivos de ventas específicos para cada tienda, desarrolla estándares para cuotas de ventas diarias e implementa medidas de control como el seguimiento de las cifras de ventas diarias y compararlas con los objetivos. Los gerentes realizan revisiones periódicas del desempeño, analizan datos de ventas y brindan retroalimentación a los gerentes de tienda para garantizar que se cumplan los objetivos de ventas.

Evaluación del desempeño:

La evaluación del desempeño es un componente crítico de la función de control, ya que permite a los gerentes evaluar qué tan bien se están desempeñando los individuos, los equipos y la organización en su conjunto con respecto a los estándares establecidos. Al realizar evaluaciones de desempeño, los gerentes pueden identificar fortalezas y debilidades, reconocer logros y abordar áreas que necesitan mejoras. El proceso de evaluación del desempeño implica los siguientes pasos:

1. Establecer criterios de evaluación: antes de evaluar el desempeño, los gerentes deben determinar los criterios con los que se evaluará el desempeño. Estos criterios pueden incluir niveles de productividad, calidad del trabajo, calificaciones de satisfacción del cliente, habilidades de trabajo en equipo y adherencia a los valores organizacionales.

2. Recopilación de datos de desempeño: Los datos de desempeño se pueden recopilar a través de varias fuentes, incluidas autoevaluaciones, evaluaciones de supervisores, comentarios de los clientes, métricas de desempeño y evaluaciones de observación. Recopilar datos completos y objetivos es crucial para una evaluación precisa.

3. Análisis del desempeño: una vez que se recopilan los datos de desempeño, los gerentes analizan la información para evaluar qué tan bien los individuos o equipos han cumplido con los estándares establecidos. Este análisis implica comparar el desempeño real con los estándares establecidos, identificar brechas o desviaciones y reconocer áreas de excelencia.

4. Proporcionar retroalimentación y reconocimiento: basándose en la evaluación del desempeño, los gerentes brindan retroalimentación a los empleados, destacando sus fortalezas, abordando áreas de mejora y ofreciendo orientación para mejorar el desempeño. El reconocimiento de los logros y contribuciones también juega un papel vital a la hora de motivar a los empleados y fomentar una cultura de excelencia.

Ejemplo: evaluación del desempeño de los empleados

En un entorno corporativo, un gerente realiza evaluaciones de desempeño para los miembros de su equipo en función de criterios predefinidos, como objetivos de ventas, calificaciones de comentarios de los clientes y efectividad del trabajo en equipo. Después de recopilar datos de desempeño a través de informes de ventas, encuestas a clientes y evaluaciones de pares, el gerente analiza la información para evaluar el desempeño individual según los estándares establecidos. Durante las sesiones de retroalimentación, el gerente analiza áreas de mejora, reconoce los logros y colabora con los empleados para desarrollar planes de acción para mejorar el desempeño.

Acciones correctivas:

Las acciones correctivas son intervenciones tomadas por los gerentes para abordar las desviaciones de los estándares establecidos, resolver problemas de desempeño y encaminar a la organización hacia sus objetivos. Al implementar acciones correctivas oportunas y efectivas, los gerentes pueden prevenir mayores desviaciones, mejorar el desempeño y mejorar la efectividad organizacional. El proceso de acciones correctivas involucra los siguientes pasos:

1. Identificar desviaciones: el primer paso en la acción correctiva es identificar desviaciones de los estándares establecidos o expectativas de desempeño. Esto puede implicar analizar datos de desempeño, realizar análisis de causa raíz e identificar los factores que contribuyen a la desviación.

2. Determinación de las causas: una vez identificadas las desviaciones, los gerentes deben determinar las causas subyacentes de los problemas de desempeño. Esto puede implicar investigar factores internos como recursos inadecuados, falta de capacitación o ineficiencias en los procesos, así como factores externos como cambios en el mercado o el panorama competitivo.

3. Desarrollar planes de acción: basándose en el análisis de las desviaciones y sus causas fundamentales, los gerentes desarrollan planes de acción que describen los pasos necesarios para abordar los problemas de desempeño. Los planes de

acción deben ser específicos, realistas y centrados en mejorar el desempeño y al mismo tiempo estar alineados con los objetivos de la organización.

4. Implementación de intervenciones: Los gerentes implementan acciones correctivas implementando intervenciones destinadas a abordar los problemas de desempeño identificados. Esto puede implicar proporcionar recursos adicionales, ofrecer programas de capacitación y desarrollo, rediseñar procesos o realizar cambios estratégicos para superar los obstáculos a la mejora del desempeño.

Ejemplo: acciones correctivas en fabricación

En una planta de fabricación, los datos de control de calidad revelan un aumento de productos defectuosos debido a un mal funcionamiento de la máquina. El gerente de planta identifica la desviación de los estándares de calidad, realiza un análisis de la causa raíz y determina que la máquina requiere mantenimiento y calibración. Para abordar el problema, el gerente desarrolla un plan de acción para programar el mantenimiento, capacitar a los operadores sobre el mantenimiento de la máquina e implementar controles de calidad periódicos para evitar mayores defectos. Al implementar estas acciones correctivas, la planta puede mejorar la calidad del producto y alinear el desempeño con los estándares establecidos.

Conclusión:

El control es una función esencial de la gestión que abarca el establecimiento de sistemas de control, la realización de evaluaciones del desempeño y la implementación de acciones correctivas para garantizar la eficacia organizacional y el logro

CAPÍTULO 5: CONTROL

de objetivos. Al establecer sistemas de control con objetivos, estándares, medidas y procesos claros, los gerentes pueden monitorear el desempeño y regular las actividades para lograr los resultados deseados. Las evaluaciones de desempeño permiten a los gerentes evaluar el desempeño según criterios establecidos, brindar retroalimentación y reconocer los logros, fomentando una cultura de mejora continua. Las acciones correctivas desempeñan un papel crucial a la hora de abordar las desviaciones, identificar las causas fundamentales e implementar intervenciones para mejorar el desempeño e impulsar el éxito organizacional. Al comprender y aplicar estos procesos de control de manera efectiva, los gerentes pueden dirigir sus organizaciones hacia una mayor eficiencia, productividad y éxito en el dinámico entorno empresarial actual.

Capítulo 6: Toma de decisiones

La toma de decisiones es un aspecto fundamental de la vida humana y de la gestión organizacional. Desde simples elecciones cotidianas hasta complejas decisiones estratégicas en los negocios, los individuos y los grupos se enfrentan constantemente a la toma de decisiones. Sin embargo, no todas las decisiones son iguales; pueden variar en términos de complejidad, impacto y procesos involucrados. En este capítulo, profundizamos en el ámbito de la toma de decisiones, explorando los distintos tipos de decisiones, el proceso de toma de decisiones y los modelos populares de toma de decisiones.

Tipos de decisiones

Las decisiones se pueden clasificar en términos generales en diferentes tipos según varios criterios, como el nivel de compromiso, el horizonte temporal y el impacto. Comprender estos tipos puede proporcionar información sobre la naturaleza de la decisión y las estrategias necesarias para tomarla de manera efectiva. A continuación se muestran algunos tipos comunes de decisiones:

CAPÍTULO 6: TOMA DE DECISIONES

1. Decisiones programadas: Las decisiones programadas son decisiones rutinarias y repetitivas que se pueden tomar utilizando pautas, reglas o procedimientos establecidos. Estas decisiones suelen ser de bajo riesgo y no requieren mucha deliberación. Por ejemplo, un gerente que sigue un protocolo específico para manejar las quejas de los clientes está tomando una decisión programada.

2. Decisiones no programadas: Las decisiones no programadas son decisiones novedosas y únicas que surgen en situaciones donde las pautas o protocolos existentes son insuficientes. Estas decisiones suelen ser complejas, de alto riesgo y requieren una cantidad significativa de análisis y juicio. Por ejemplo, una empresa que decide entrar en un nuevo mercado con un producto único se enfrenta a una decisión no programada.

3. Decisiones estratégicas: Las decisiones estratégicas son decisiones de alto riesgo que afectan la dirección y el desempeño a largo plazo de una organización. Estas decisiones se toman en los niveles más altos de gestión y tienen un impacto significativo en el posicionamiento competitivo y la sostenibilidad de la organización. Ejemplos de decisiones estratégicas incluyen ingresar a nuevos mercados, lanzar nuevos productos o fusiones y adquisiciones.

4. Decisiones tácticas: Las decisiones tácticas son decisiones de mediano plazo que cierran la brecha entre las decisiones estratégicas y las decisiones operativas. Estas decisiones se centran en implementar las estrategias más amplias establecidas por la alta dirección. Por ejemplo, un gerente de marketing que decide las estrategias de promoción para el lanzamiento de un

nuevo producto está tomando una decisión táctica.

5. Decisiones operativas: Las decisiones operativas son decisiones del día a día que se centran en el funcionamiento rutinario de una organización. Estas decisiones se toman en los niveles inferiores de gestión y tienen como objetivo lograr los objetivos operativos de la organización. Ejemplos de decisiones operativas incluyen programar turnos de empleados, ordenar suministros o administrar niveles de inventario.

6. Decisiones Individuales: Las decisiones individuales las toma una sola persona sin la participación de otras. Estas decisiones suelen ser personales o relacionadas con tareas que pueden realizarse de forma independiente. Por ejemplo, decidir qué ponerse por la mañana o elegir qué libro leer son decisiones individuales.

7. Decisiones grupales: las decisiones grupales las toman colectivamente un grupo de personas que colaboran, discuten y comparten sus perspectivas para llegar a un consenso. Las decisiones grupales son comunes en las organizaciones para resolver problemas complejos y generar ideas innovadoras. Los ejemplos incluyen decisiones del equipo de proyecto, reuniones de la junta directiva o sesiones de lluvia de ideas en grupo.

Proceso de toma de decisiones

El proceso de toma de decisiones es una serie sistemática de pasos que siguen individuos o grupos para identificar y elegir la mejor alternativa entre múltiples opciones. Si bien los pasos específicos pueden variar según el contexto, generalmente

CAPÍTULO 6: TOMA DE DECISIONES

existen seis etapas clave en el proceso de toma de decisiones:

1. Identificar el problema: el primer paso en el proceso de toma de decisiones es identificar el problema u oportunidad que requiere una decisión. Esto implica reconocer la brecha entre el estado actual y el estado deseado y definir el problema a resolver.

2. Recopilación de información: una vez identificado el problema, el siguiente paso es recopilar información y datos relevantes que ayudarán a comprender mejor el problema y explorar posibles soluciones. Esta fase implica investigación, análisis y consulta con expertos o partes interesadas.

3. Generación de alternativas: en esta etapa, los tomadores de decisiones realizan una lluvia de ideas y crean una lista de posibles alternativas o soluciones al problema. Es crucial considerar una amplia gama de opciones para garantizar una evaluación integral de las opciones.

4. Evaluación de alternativas: después de generar una lista de alternativas, los tomadores de decisiones evalúan cada opción en función de criterios relevantes como viabilidad, costo, riesgo y alineación con los objetivos de la organización. Esta etapa puede implicar el uso de herramientas de toma de decisiones como análisis de costo-beneficio, análisis FODA o matrices de decisión.

5. Tomar la Decisión: Una vez evaluadas las alternativas, quien toma las decisiones selecciona la mejor opción que aborda el problema de manera efectiva. Esto puede implicar la creación de

consenso en las decisiones grupales o el uso del juicio personal en las decisiones individuales.

6. Implementación de la Decisión: Luego de tomar la decisión, el siguiente paso es implementar la alternativa elegida. Esta fase implica poner la decisión en acción, asignar recursos, asignar responsabilidades y monitorear el progreso para garantizar una ejecución efectiva.

7. Monitoreo y Evaluación: La etapa final del proceso de toma de decisiones implica monitorear los resultados de la decisión y evaluar su efectividad. Este circuito de retroalimentación ayuda a los tomadores de decisiones a aprender de sus decisiones, identificar áreas de mejora y realizar los ajustes necesarios.

El proceso de toma de decisiones no siempre es lineal y quienes toman las decisiones pueden revisar etapas anteriores o repetir el proceso basándose en nueva información o circunstancias cambiantes.

Modelos de toma de decisiones

Se han desarrollado varios modelos de toma de decisiones para proporcionar marcos estructurados para tomar decisiones de manera efectiva. Estos modelos ofrecen enfoques sistemáticos para analizar problemas, generar alternativas y evaluar opciones. Exploremos algunos de los modelos populares de toma de decisiones:

1. Modelo de Toma de Decisiones Racional:
    - Descripción: El modelo de toma de decisiones racional es un

enfoque clásico y prescriptivo que supone que quienes toman las decisiones son racionales y buscan maximizar los resultados evaluando todas las alternativas posibles.

- Pasos:
1. Identificar el problema.
2. Generar soluciones alternativas.
3. Evaluar alternativas según criterios.
4. Elige la mejor alternativa.
5. Implementar la decisión.
6. Dar seguimiento y evaluar la decisión.

- Ejemplo: Un ejecutivo de negocios que utiliza un análisis de costo-beneficio para elegir entre diferentes oportunidades de inversión sigue el modelo de toma de decisiones racional.

2. Modelo de racionalidad acotada:
- Descripción: El modelo de racionalidad limitada reconoce que quienes toman decisiones tienen capacidades cognitivas limitadas y limitaciones de tiempo, lo que los lleva a satisfacer o elegir la primera opción aceptable en lugar de buscar la solución óptima.

- Pasos:
1. Simplifica el problema.
2. Generar pocas alternativas.
3. Elija la primera opción aceptable.
4. Implementar la decisión.

- Ejemplo: un director de proyecto que se enfrenta a un plazo ajustado y recursos limitados selecciona una solución viable que cumpla con los requisitos del proyecto en lugar de buscar la solución perfecta.

3. Modelo de toma de decisiones intuitivo:

- Descripción: El modelo de toma de decisiones intuitiva se basa en la intuición, el instinto o el juicio instintivo para tomar decisiones rápidamente en situaciones ambiguas o complejas.

- Pasos: evaluar intuitivamente la situación, aprovechar experiencias y conocimientos pasados y tomar una decisión rápida basada en una "corazonada".

- Ejemplo: un empresario experimentado que toma decisiones de inversión basadas en años de experiencia en la industria y en intuición sin un análisis formal sigue el modelo de toma de decisiones intuitiva.

4. Modelo de Toma de Decisiones Políticas:

- Descripción: El modelo de toma de decisiones políticas reconoce que las decisiones organizacionales están influenciadas por dinámicas de poder, conflictos de intereses y coaliciones entre partes interesadas.

- Pasos: Analizar el panorama político, identificar actores clave y sus intereses, negociar y construir alianzas, y tomar decisiones que consideren las perspectivas de varias partes interesadas.

- Ejemplo: un gerente que navega por la política de la oficina y las rivalidades internas para asegurar el apoyo para un nuevo proyecto sigue el modelo de toma de decisiones políticas.

5. Modelo de toma de decisiones sobre el bote de basura:

- Descripción: El modelo del cubo de basura ve a las organizaciones como sistemas débilmente acoplados donde las decisiones se toman de manera oportunista sin un proceso lineal claro. Las decisiones surgen cuando los problemas, las soluciones, los participantes y las oportunidades de elección se alinean por casualidad.

- Características: La toma de decisiones es no lineal, aleatoria y está influenciada por factores situacionales más que por un proceso sistemático.

- Ejemplo: un departamento universitario que selecciona proyectos de investigación en función de la disponibilidad de profesores, el interés de los estudiantes y la disponibilidad de fondos representa el modelo de toma de decisiones del cubo de basura.

6. Árboles de decisión:

- Descripción: Los árboles de decisión son herramientas visuales de toma de decisiones que trazan opciones, posibles resultados, probabilidades y beneficios en una estructura similar a un árbol para ayudar a los tomadores de decisiones a evaluar alternativas en condiciones de incertidumbre.

- Aplicación: los árboles de decisión se utilizan comúnmente en finanzas, economía, atención médica y planificación estratégica para modelar decisiones complejas que involucran riesgo e incertidumbre.

- Ejemplo: una empresa que utiliza un árbol de decisiones para evaluar los resultados potenciales de invertir en diferentes campañas de marketing en función de las condiciones del mercado y la respuesta de los clientes.

7. Análisis de pros y contras:

- Descripción: El análisis de pros y contras implica enumerar las ventajas y desventajas de cada alternativa para facilitar una evaluación comparativa de opciones y apoyar la toma de decisiones.

- Pasos: identificar los pros y los contras de cada alternativa, sopesar la importancia de cada factor y tomar una decisión basada en el equilibrio general de ventajas y desventajas.

- Ejemplo: una persona que evalúa los beneficios y desventajas de aceptar una oferta de trabajo, considerando factores como el salario, el equilibrio entre la vida laboral y personal, el crecimiento profesional y la ubicación.

Conclusión

En conclusión, la toma de decisiones es un proceso multifacético que involucra diferentes tipos de decisiones, un proceso de toma de decisiones estructurado y varios modelos de toma de decisiones. Al comprender los tipos de decisiones y los factores que influyen en la toma de decisiones, los individuos y las organizaciones pueden mejorar su capacidad para tomar decisiones efectivas e informadas. Además, la utilización de modelos de toma de decisiones proporciona un marco sistemático para analizar problemas, generar alternativas y elegir el mejor curso de acción. Como la toma de decisiones juega un papel crucial en el éxito personal y organizacional, dominar el arte

La capacidad de tomar decisiones es clave para sortear la complejidad y la incertidumbre en el dinámico mundo actual.

Capítulo 7: Comunicación en la gestión

La comunicación es un aspecto fundamental de la interacción humana que juega un papel crucial en todos los aspectos de la vida, incluidos los negocios y la gestión. En el contexto de la gestión, la comunicación eficaz es esencial para el éxito de una organización. Este capítulo profundizará en la importancia de la comunicación en la gestión, explorará técnicas de comunicación efectivas y discutirá formas de superar las barreras de la comunicación.

Importancia de la comunicación en la gestión

La comunicación es la piedra angular de una gestión exitosa dentro de una organización. La comunicación eficaz es vital por diversas razones, entre ellas:

1. Claridad y Comprensión:
   Una de las funciones principales de la comunicación en la gestión es garantizar la claridad y la comprensión entre los miembros de la organización. La comunicación clara ayuda a transmitir ideas, objetivos, expectativas e instrucciones de forma eficaz, lo que reduce los malentendidos y la confusión.

Por ejemplo, cuando un gerente comunica la fecha límite de un proyecto a los miembros del equipo de manera clara y precisa, garantiza que todos estén en sintonía con respecto a las expectativas y los cronogramas. Esta claridad puede ayudar a lograr los resultados deseados dentro del plazo especificado.

2. Coordinación y Colaboración:

La comunicación juega un papel clave en la coordinación de los esfuerzos de las personas y los equipos dentro de una organización. La comunicación eficaz garantiza que todos sean conscientes de sus funciones y responsabilidades, facilita la colaboración entre los miembros del equipo y promueve la asignación eficiente de recursos.

Por ejemplo, en un escenario de gestión de proyectos, la comunicación efectiva entre los miembros del equipo ayuda a coordinar tareas, compartir actualizaciones y resolver problemas de manera eficiente, lo que lleva a la finalización exitosa del proyecto.

3. Toma de decisiones:

La comunicación es esencial para facilitar el proceso de toma de decisiones dentro de una organización. Los gerentes necesitan comunicar información, datos y conocimientos a las partes interesadas clave para tomar decisiones informadas que beneficien a la organización en su conjunto.

Al fomentar canales de comunicación abiertos y compartir información relevante, los gerentes pueden garantizar que las decisiones estén bien informadas y alineadas con las metas y objetivos de la organización.

CAPÍTULO 7: COMUNICACIÓN EN LA GESTIÓN

4. Compromiso y motivación de los empleados:

La comunicación eficaz desempeña un papel fundamental a la hora de involucrar a los empleados y fomentar un ambiente de trabajo positivo. Cuando los miembros del equipo se sienten escuchados, valorados y bien informados, es más probable que estén motivados, comprometidos y comprometidos con su trabajo.

La comunicación regular de los gerentes, las sesiones de retroalimentación y las oportunidades de diálogo abierto crean una cultura de transparencia y confianza, lo que aumenta la moral y la productividad de los empleados.

5. Resolución de conflictos:

La comunicación es esencial para resolver conflictos y abordar desacuerdos dentro de la organización. Al fomentar la comunicación abierta, los gerentes pueden facilitar diálogos constructivos, identificar las causas fundamentales de los conflictos y trabajar para encontrar soluciones mutuamente beneficiosas.

A través de una comunicación eficaz, los gerentes pueden promover la comprensión, la empatía y la colaboración entre las partes en conflicto, lo que conduce a mejores relaciones y un ambiente de trabajo más armonioso.

En general, la comunicación es un componente crítico de una gestión eficaz, que permite a las organizaciones operar sin problemas, alcanzar sus objetivos de manera eficiente y mantener relaciones positivas entre los miembros del equipo y las partes interesadas.

Técnicas de comunicación efectiva

Para garantizar una comunicación eficaz en la gestión, es esencial emplear diversas técnicas y estrategias que mejoren la calidad de las interacciones y el intercambio de información dentro de la organización. Algunas técnicas clave de comunicación efectiva incluyen:

1. Escucha activa:

La escucha activa es una técnica de comunicación fundamental que implica interactuar plenamente con el hablante, centrarse en su mensaje y demostrar comprensión a través de señales verbales y no verbales. Al escuchar activamente a los demás, los gerentes pueden mostrar respeto, empatía y atención, fomentando mejores relaciones y flujo de comunicación.

Ejemplo: durante una reunión de equipo, un gerente practica la escucha activa manteniendo contacto visual, asintiendo con la cabeza y parafraseando puntos clave para mostrar comprensión y compromiso.

2. Comunicación clara y concisa:

La claridad y la concisión son aspectos esenciales de una comunicación eficaz. Los gerentes deben esforzarse por transmitir la información de una manera directa y fácil de entender, evitando la jerga, la ambigüedad y la complejidad innecesaria.

Ejemplo: al comunicar actualizaciones del proyecto al equipo, un gerente utiliza un lenguaje simple, viñetas y ayudas visuales para garantizar que la información sea clara, concisa y fácilmente digerible para todos.

3. Mecanismos de retroalimentación:

La retroalimentación es crucial para promover la comunicación bidireccional dentro de una organización. Los gerentes deben fomentar la retroalimentación abierta de los empleados, brindar ellos mismos retroalimentación constructiva y crear una cultura que valore la mejora y el aprendizaje continuos.

Ejemplo: Después de completar una tarea, los miembros del equipo reciben comentarios de su gerente destacando sus fortalezas y áreas de mejora, fomentando el crecimiento y desarrollo profesional.

4. Uso de Múltiples Canales de Comunicación:

Diferentes personas prefieren diferentes canales de comunicación según sus preferencias y necesidades. Los gerentes deben utilizar una combinación de canales de comunicación, incluidas reuniones cara a cara, correos electrónicos, llamadas telefónicas, videoconferencias y plataformas de mensajería, para garantizar una difusión eficaz de la información.

Ejemplo: para comunicar actualizaciones urgentes, el equipo directivo envía una notificación a través de la plataforma de mensajería de la organización, seguida de un correo electrónico detallado que proporciona más información e instrucciones.

5. Lenguaje corporal y comunicación no verbal:

Las señales no verbales, como el lenguaje corporal, las expresiones faciales y los gestos, desempeñan un papel importante en la comunicación. Los directivos deben prestar atención a su comunicación no verbal para reforzar sus mensajes verbales y transmitir emociones de forma eficaz.

Ejemplo: durante una presentación, un gerente mantiene una postura abierta, sonríe y hace contacto visual con la audiencia para parecer confiado, comprometido y accesible.

6. Sensibilidad Cultural:

En el entorno empresarial globalizado actual, la sensibilidad cultural es esencial para una comunicación eficaz. Los gerentes deben ser conscientes de las diferencias culturales, las costumbres y las normas de comunicación para evitar malentendidos y promover la cooperación intercultural.

Ejemplo: cuando trabaja con un equipo diverso, un gerente tiene en cuenta las diferencias culturales en los estilos de comunicación, asegurándose de que los mensajes sean personalizados y respetuosos con los antecedentes de cada miembro del equipo.

Al incorporar estas técnicas de comunicación efectivas en sus prácticas de gestión, los líderes pueden mejorar las relaciones interpersonales, fomentar la colaboración y mejorar el flujo de información dentro de la organización.

Superar las barreras de la comunicación

A pesar de la importancia de una comunicación eficaz en la gestión, diversas barreras pueden obstaculizar el flujo de información y crear desafíos para las organizaciones. Identificar y superar estas barreras de comunicación es crucial para promover la claridad, la comprensión y la colaboración dentro de la organización. Algunas barreras de comunicación comunes incluyen:

CAPÍTULO 7: COMUNICACIÓN EN LA GESTIÓN

1. Barreras del idioma:

Las barreras lingüísticas surgen cuando las personas hablan diferentes idiomas o tienen distintos grados de dominio de un idioma compartido. Pueden ocurrir malas interpretaciones, malentendidos y fallas en la comunicación cuando las diferencias de idioma obstaculizan una comunicación efectiva.

Para superar las barreras del idioma, las organizaciones pueden brindar capacitación lingüística, utilizar servicios de traducción cuando sea necesario y alentar a los empleados a buscar aclaraciones cuando encuentren desafíos relacionados con el idioma.

Ejemplo: en una corporación multinacional, se ofrecen programas de capacitación en idiomas a los empleados para mejorar su dominio del idioma principal de la organización, facilitando una mejor comunicación y colaboración entre equipos.

2. Falta de retroalimentación:

La falta de retroalimentación puede impedir una comunicación efectiva dentro de una organización. Cuando la retroalimentación no se brinda de manera oportuna o constructiva, los empleados pueden sentirse inseguros sobre su desempeño, lo que lleva a una disminución de la motivación, la productividad y el compromiso.

Para abordar esta barrera, los gerentes deben establecer mecanismos regulares de retroalimentación, fomentar el diálogo abierto y crear una cultura que valore el aprendizaje y la mejora continuos.

Ejemplo: durante las revisiones de desempeño trimestrales, los gerentes brindan a los empleados comentarios específicos sobre su trabajo, resaltan áreas de fortaleza y analizan oportunidades de desarrollo para respaldar su crecimiento profesional.

3. Pocas habilidades para escuchar:

La comunicación eficaz es un proceso bidireccional que requiere una escucha activa de todas las partes involucradas. Las malas habilidades para escuchar, como interrumpir a los demás, no prestar atención o formular respuestas antes de comprender completamente el mensaje, pueden dificultar la comunicación y provocar malentendidos.

Para superar las malas habilidades de escucha, las personas deben practicar técnicas de escucha activa, como mantener contacto visual, hacer preguntas aclaratorias y resumir puntos clave para demostrar comprensión y compromiso.

Ejemplo: en una reunión de equipo, los miembros practican la escucha activa, turnándose para hablar, parafraseando los puntos clave de los demás y buscando aclaraciones cuando sea necesario para garantizar el entendimiento mutuo.

4. Sobrecarga de información:

La sobrecarga de información ocurre cuando las personas se ven inundadas con información excesiva, lo que genera confusión, fatiga y dificultad para procesar mensajes esenciales. En la era digital actual, el volumen de información puede abrumar a las personas y obstaculizar una comunicación eficaz.

Para abordar la sobrecarga de información, las organizaciones pueden priorizar mensajes clave, utilizar formatos de comunicación concisos y emplear herramientas tecnológicas como filtros, resúmenes y técnicas de priorización para agilizar el flujo de información y mejorar la claridad.

Ejemplo: en un entorno de trabajo acelerado, los gerentes utilizan viñetas, encabezados y resúmenes ejecutivos en las comunicaciones para transmitir información esencial de manera concisa, ayudando a los empleados a concentrarse en mensajes clave sin sentirse abrumados.

5. Diferencias culturales:

Las diferencias culturales pueden crear barreras de comunicación dentro de una fuerza laboral diversa. Las variaciones en los estilos, gestos, costumbres y normas de comunicación entre culturas pueden generar malentendidos, conflictos y malas interpretaciones si no se abordan de manera efectiva.

Para mitigar las barreras culturales, las organizaciones deben promover la sensibilidad cultural, brindar capacitación sobre diversidad, fomentar la comunicación intercultural y fomentar un entorno inclusivo que respete y aprecie las diferencias culturales.

Ejemplo: en un equipo multicultural, los empleados participan en sesiones de capacitación intercultural para obtener conocimientos sobre diferentes perspectivas culturales, estilos de comunicación y prácticas, fomentando el entendimiento mutuo y la colaboración.

6. Barreras Jerárquicas:

Las barreras jerárquicas se refieren a obstáculos en la comunicación que surgen de estructuras organizativas rígidas, diferencias de poder o dinámicas de autoridad dentro de una organización. Los empleados pueden sentirse reacios a comunicarse abiertamente con funcionarios de mayor rango o expresar sus opiniones por temor a represalias o falta de empoderamiento.

Para superar las barreras jerárquicas, las organizaciones deben crear una política de puertas abiertas, promover la transparencia y fomentar una cultura de inclusión y seguridad psicológica donde todos los empleados se sientan valorados, respetados y capacitados para expresar sus pensamientos e inquietudes.

Ejemplo: una empresa implementa un mecanismo de retroalimentación donde los empleados pueden enviar de forma anónima sugerencias, inquietudes o comentarios a la alta dirección, fomentando una cultura de transparencia y responsabilidad en todos los niveles de la organización.

En conclusión, la comunicación eficaz es el elemento vital de una gestión exitosa, ya que permite a las organizaciones alcanzar sus objetivos, impulsar el desempeño y fomentar relaciones positivas entre los miembros del equipo y las partes interesadas. Al implementar técnicas de comunicación efectivas y superar las barreras de comunicación, los gerentes pueden cultivar una cultura de diálogo abierto, colaboración y compromiso que impulse a la organización hacia el éxito.

Capítulo 8: Gestión del cambio

El cambio es una parte inevitable de la vida organizacional. Ya sea que surja de factores internos como un nuevo liderazgo, reestructuración o avances tecnológicos, o de factores externos como tendencias del mercado o requisitos regulatorios, las organizaciones deben ser expertas en gestionar el cambio de manera efectiva para seguir siendo competitivas y prosperar en el dinámico entorno empresarial actual. En este capítulo, profundizaremos en las complejidades de la gestión del cambio, comprenderemos el proceso de gestión del cambio, exploraremos la resistencia al cambio y examinaremos estrategias para implementar el cambio con éxito.

Proceso de gestión de cambios

La gestión del cambio es un enfoque estructurado para hacer una transición efectiva de individuos, equipos y organizaciones desde su estado actual a un estado futuro deseado. Existen varios modelos y marcos que las organizaciones utilizan para gestionar el cambio, pero los principios subyacentes son consistentes en todos los ámbitos. Exploremos un proceso típico de gestión de cambios y sus componentes clave:

1. Evaluar la necesidad de cambio: el primer paso en el proceso de gestión del cambio es reconocer la necesidad de cambio. Por lo general, esto implica realizar un análisis exhaustivo de la situación actual, identificar áreas que requieren mejora y establecer objetivos claros para la iniciativa de cambio.

2. Planificación del cambio: una vez establecida la necesidad de cambio, el siguiente paso es desarrollar un plan integral de gestión del cambio. Este plan debe describir los objetivos de la iniciativa de cambio, definir el alcance y el cronograma, asignar recursos e identificar las partes interesadas clave.

3. Involucrar a las partes interesadas: la gestión eficaz del cambio requiere la participación activa y la aceptación de las partes interesadas en todos los niveles de la organización. Los líderes deben comunicar las razones del cambio, abordar las inquietudes e involucrar a los empleados en el proceso de cambio para garantizar una implementación exitosa.

4. Implementación del cambio: con el plan de gestión del cambio implementado y las partes interesadas involucradas, la organización puede comenzar a implementar la iniciativa de cambio. Esto puede implicar procesos de reestructuración, actualización de tecnología o introducción de nuevas políticas y procedimientos.

5. Monitoreo y evaluación del progreso: durante todo el proceso de cambio, es importante monitorear el progreso, realizar un seguimiento de los indicadores clave de desempeño y evaluar la efectividad de la iniciativa de cambio. Esto permite a la organización realizar los ajustes necesarios y garantizar que

se logren los resultados deseados.

6. Sostener el cambio: El último paso en el proceso de gestión del cambio es sostener el cambio a largo plazo. Esto implica incorporar las nuevas prácticas y comportamientos en la cultura organizacional, brindar apoyo continuo a los empleados y reforzar continuamente los beneficios del cambio.

Resistencia al cambio

La resistencia al cambio es un desafío común que enfrentan las organizaciones al implementar iniciativas de cambio. Las personas se sienten naturalmente cómodas con el status quo y la perspectiva de cambio puede evocar sentimientos de miedo, incertidumbre y resistencia. Comprender las fuentes de resistencia al cambio es crucial para desarrollar estrategias para superarlo. Examinemos algunas razones comunes por las que los empleados se resisten al cambio:

1. Miedo a lo desconocido: el cambio a menudo trae consigo incertidumbre sobre el futuro, lo que lleva a los empleados a temer las posibles consecuencias del cambio. Es posible que les preocupe la seguridad laboral, su capacidad para adaptarse a nuevos procesos o cómo el cambio afectará su trabajo diario.

2. Pérdida de control: el cambio puede alterar las rutinas y los flujos de trabajo establecidos, lo que hace que los empleados sientan una pérdida de control sobre su entorno de trabajo. Esta pérdida de autonomía puede generar resistencia a medida que los empleados buscan mantener una sensación de estabilidad y previsibilidad.

3. Falta de comprensión: cuando los empleados no comprenden completamente las razones del cambio o cómo les beneficiará a ellos o a la organización, es más probable que se resistan. Las brechas de comunicación y los objetivos poco claros pueden contribuir a esta falta de comprensión.

4. Experiencias pasadas: Las experiencias negativas anteriores con iniciativas de cambio, como transiciones mal gestionadas o proyectos fallidos, pueden fomentar el escepticismo y la resistencia a cambios futuros. Los empleados pueden mostrarse reacios a invertir tiempo y esfuerzo en una nueva iniciativa si han sido decepcionados en el pasado.

5. Comodidad con el status quo: algunos empleados pueden resistirse al cambio simplemente porque se sienten cómodos con la forma en que están las cosas y no ven la necesidad de interrumpirlas. Pueden percibir el cambio como innecesario o como una amenaza a sus rutinas y prácticas actuales.

6. Falta de confianza: La confianza es esencial en cualquier proceso de gestión de cambios. Si los empleados no confían en los motivos de los líderes o creen que la organización no tiene en cuenta sus mejores intereses, es posible que se resistan al cambio por un sentimiento de desconfianza.

Implementar el cambio con éxito

Implementar con éxito el cambio dentro de una organización requiere un enfoque estratégico y sistemático que aborde los desafíos únicos de gestionar el cambio. A continuación se presentan algunas estrategias clave y mejores prácticas para

CAPÍTULO 8: GESTIÓN DEL CAMBIO

implementar el cambio con éxito:

1. Comunicarse de forma eficaz: la comunicación clara, coherente y transparente es esencial a la hora de implementar cambios. Los líderes deben articular claramente las razones del cambio, sus beneficios y los resultados esperados para los empleados en todos los niveles de la organización. La comunicación debe ser continua durante todo el proceso de cambio para abordar las inquietudes y mantener informados a los empleados.

2. Construir una coalición de apoyo: para superar la resistencia al cambio, las organizaciones deben construir una coalición de apoyo de partes interesadas clave, incluidos líderes, gerentes y empleados influyentes. Esta coalición puede ayudar a defender la iniciativa de cambio, abordar inquietudes y modelar los comportamientos deseados para que otros los sigan.

3. Brindar capacitación y apoyo: el cambio a menudo requiere que los empleados desarrollen nuevas habilidades, se adapten a nuevos procesos y adopten diferentes formas de trabajar. Brindar capacitación y apoyo para ayudar a los empleados a afrontar el cambio puede aumentar su confianza y disposición para adoptar las nuevas prácticas.

4. Involucrar a los empleados: Involucrar a los empleados en el proceso de cambio puede ayudar a crear un sentido de propiedad y compromiso con la iniciativa. Se debe alentar a los empleados a brindar comentarios, ofrecer sugerencias para mejorar y participar en la toma de decisiones cuando sea posible.

5. Gestionar la resistencia: abordar la resistencia al cambio de manera proactiva es clave para una implementación exitosa. Los líderes deben escuchar las preocupaciones de los empleados, reconocer sus miedos y trabajar en colaboración para abordar cualquier barrera a la adopción. Al involucrar a los empleados en el proceso de cambio y abordar sus inquietudes, las organizaciones pueden reducir la resistencia y aumentar la aceptación.

6. Celebre los éxitos: reconocer y celebrar los pequeños logros a lo largo del camino puede generar impulso y motivación para el cambio. Reconozca los esfuerzos de los empleados que han adoptado el cambio, resalte los impactos positivos de la iniciativa y celebre los hitos logrados a lo largo del proceso.

7. Evaluar y adaptar: la evaluación continua de la iniciativa de cambio es esencial para garantizar que se mantenga en el camino correcto y produzca los resultados deseados. Las organizaciones deben evaluar periódicamente el progreso, recopilar comentarios de los empleados y estar dispuestas a adaptar su enfoque en función de los comentarios recibidos.

Ejemplos

Exploremos algunos ejemplos de organizaciones que han gestionado eficazmente el cambio, superado la resistencia e implementado el cambio con éxito:

1. Apple Inc.: Apple es conocida por su capacidad para impulsar la innovación y el cambio en la industria tecnológica. Cuando Steve Jobs regresó a la empresa en 1997, implementó una serie de cambios que revitalizaron la línea de productos de Apple

y la transformaron en una de las empresas más valiosas del mundo. Al centrarse en la creatividad, el diseño y la experiencia del usuario, Apple superó con éxito numerosos cambios, como la introducción del iPod, el iPhone y el iPad, y entregó constantemente productos que revolucionaron el mercado.

2. Netflix: Netflix es un excelente ejemplo de una empresa que adoptó el cambio y la disrupción en la industria del entretenimiento. A medida que los servicios de streaming ganaron popularidad, Netflix cambió su modelo de negocio de un servicio de alquiler de DVD a una plataforma de streaming, adaptándose a las cambiantes preferencias de los consumidores y a los avances tecnológicos. Al invertir en contenido original, expandirse internacionalmente y aprovechar el análisis de datos, Netflix implementó con éxito cambios que lo posicionaron como líder en la industria del streaming.

3. Google: Google tiene la reputación de fomentar una cultura de innovación y cambio continuo. La empresa anima a los empleados a buscar nuevas ideas, experimentar con diferentes proyectos y adoptar una mentalidad de crecimiento. Al proporcionar un entorno de apoyo para la creatividad y el aprendizaje, Google ha podido implementar numerosos cambios con éxito, desde el desarrollo de nuevos productos y servicios hasta la expansión a varios mercados a nivel mundial.

Conclusión

Gestionar el cambio es una habilidad fundamental para las organizaciones que buscan prosperar en el panorama empresarial competitivo y acelerado de hoy. Al comprender el proceso de gestión del cambio, reconocer y abordar la resistencia al cambio e implementar estrategias para iniciativas de cambio exitosas, las organizaciones pueden navegar las transiciones de manera efectiva y lograr los resultados deseados.

En este capítulo, exploramos los componentes clave del proceso de gestión del cambio, identificamos fuentes comunes de resistencia al cambio y examinamos estrategias para implementar el cambio con éxito. Siguiendo las mejores prácticas, aprendiendo de ejemplos exitosos y adaptándose al entorno empresarial en evolución, las organizaciones pueden construir una cultura que acepte el cambio, impulse la innovación y las posicione para el éxito a largo plazo en el mercado.

Capítulo 9: Gestión de Recursos Humanos

La gestión de recursos humanos (HRM) es una función crítica dentro de las organizaciones que se centra en gestionar el activo más valioso de una empresa: su gente. En el Capítulo 9, profundizamos en tres aspectos clave de la gestión de recursos humanos: Reclutamiento y Selección, Capacitación y Desarrollo, y Relaciones con los Empleados. Estas áreas son esenciales para construir una fuerza laboral competente, comprometida y productiva dentro de una organización.

Reclutamiento y selección

El reclutamiento y la selección son funciones cruciales dentro de la gestión de recursos humanos que implican atraer, buscar y seleccionar a los candidatos adecuados para cubrir puestos vacantes dentro de una organización. Los procesos de reclutamiento y selección efectivos son esenciales para garantizar que una organización tenga las personas adecuadas en los roles correctos, lo que en última instancia impacta el desempeño y el éxito de la organización.

Proceso de reclutamiento

El reclutamiento es el proceso de identificar y atraer candidatos potenciales para puestos vacantes dentro de una organización. Implica una serie de pasos destinados a llegar a personas calificadas y alentarlas a postularse para los puestos disponibles. A continuación se muestran algunos métodos de contratación comunes:

1. Publicación de empleos: las organizaciones suelen publicar ofertas de empleo en sus sitios web, portales de empleo, plataformas de redes sociales y otros canales relevantes para atraer candidatos potenciales.

2. Referencias de empleados: Las referencias de empleados implican que los empleados actuales recomienden candidatos potenciales para puestos vacantes dentro de la organización. Este método suele ser eficaz para llegar a candidatos adecuados que tal vez no estén buscando empleo activamente.

3. Agencias de contratación: las organizaciones también pueden contratar agencias de contratación para que las ayuden a identificar y atraer candidatos calificados para funciones específicas.

4. Reclutamiento en el campus: muchas organizaciones se asocian con instituciones educativas para reclutar nuevos talentos a través de programas de colocación en el campus.

Proceso de selección

El proceso de selección sigue al reclutamiento e implica evaluar a los candidatos para determinar su idoneidad para un puesto particular. Este proceso normalmente incluye los siguientes pasos:

1. Selección de currículums: los profesionales de recursos humanos revisan los currículums y las solicitudes para preseleccionar candidatos que cumplan con las calificaciones y la experiencia requeridas.

2. Entrevistas: los candidatos que pasan la evaluación inicial generalmente son invitados a entrevistas, ya sea en persona, por teléfono o mediante videoconferencia. Las entrevistas ayudan a evaluar las habilidades, la experiencia y la adecuación de un candidato a la cultura de la organización.

3. Pruebas de evaluación: algunas organizaciones utilizan pruebas de evaluación como pruebas de aptitud, evaluaciones psicométricas o evaluaciones técnicas para evaluar las competencias de un candidato.

4. Verificaciones de referencias: verificar las referencias proporcionadas por el candidato ayuda a verificar sus calificaciones y experiencia.

5. Oferta de trabajo: Después del proceso de selección, al candidato elegido se le extiende una oferta de trabajo, que incluye detalles sobre el puesto, compensación, beneficios y otras condiciones de empleo.

Formación y desarrollo

La capacitación y el desarrollo son partes integrales de la gestión de recursos humanos que se centran en mejorar las habilidades, conocimientos y competencias de los empleados para mejorar el desempeño e impulsar el crecimiento organizacional. La capacitación se refiere a impartir habilidades específicas relacionadas con el trabajo, mientras que el desarrollo se centra en el crecimiento a largo plazo y el avance profesional.

Importancia de la formación y el desarrollo

1. Desempeño mejorado: los empleados bien capacitados tienden a desempeñarse mejor y son más productivos en sus funciones.

2. Compromiso de los empleados: las oportunidades de capacitación y desarrollo demuestran el compromiso de una organización con el crecimiento de los empleados, lo que lleva a mayores niveles de compromiso y motivación.

3. Retención: Brindar oportunidades de capacitación y desarrollo puede mejorar la satisfacción de los empleados y las tasas de retención.

4. Adaptación al cambio: el aprendizaje continuo a través de programas de capacitación y desarrollo ayuda a los empleados a adaptarse a las tecnologías y entornos laborales cambiantes.

Tipos de formación y desarrollo

1. Capacitación en el trabajo: los empleados aprenden realizando tareas bajo la guía de colegas o supervisores experimentados.

2. Capacitación en el aula: Sesiones de capacitación formal

realizadas por capacitadores o expertos en la materia para impartir conocimientos y habilidades.

3. Programas de aprendizaje electrónico: cursos y programas de capacitación en línea a los que los empleados pueden acceder cuando les convenga.

4. Mentoría y entrenamiento: emparejar a los empleados con mentores o entrenadores experimentados para ayudarlos a desarrollar habilidades o competencias específicas.

5. Programas de desarrollo de liderazgo: programas diseñados para identificar y fomentar el potencial de liderazgo dentro de la organización.

Ejemplo: Programa de formación de la empresa X

La empresa X, una empresa de tecnología, ofrece un programa de capacitación integral para su personal de ingeniería para mejorar sus habilidades técnicas y mantenerlos actualizados sobre las últimas tendencias de la industria. El programa incluye una combinación de sesiones presenciales, proyectos prácticos y módulos de aprendizaje electrónico, adaptados a las necesidades específicas de diferentes equipos de ingeniería. Como resultado de esta inversión en capacitación, los ingenieros de la Compañía X están mejor equipados para manejar proyectos complejos, lo que conduce a una mejor calidad del producto y la satisfacción del cliente.

Relaciones laborales

Las relaciones con los empleados se refieren a la gestión general de las relaciones entre una organización y sus empleados, enfocándose en crear un ambiente de trabajo positivo, abordar las inquietudes de los empleados y fomentar una comunicación y colaboración saludables. Las relaciones sólidas con los empleados son esenciales para mantener una fuerza laboral motivada y comprometida.

Importancia de las relaciones con los empleados

1. Compromiso de los empleados: las relaciones positivas con los empleados conducen a mayores niveles de compromiso, productividad y satisfacción laboral.

2. Resolución de conflictos: las prácticas eficaces de relaciones con los empleados ayudan a identificar y abordar los conflictos en el lugar de trabajo con prontitud.

3. Retención: Es más probable que los empleados permanezcan en una organización donde se sienten valorados, respetados y apoyados.

4. Cultura organizacional: Las relaciones saludables con los empleados contribuyen a una cultura organizacional positiva, donde los empleados se sienten conectados y alineados con los valores y objetivos de la empresa.

Estrategias para mejorar las relaciones con los empleados

1. Comunicación Efectiva: Canales de comunicación abiertos y transparentes que permitan a los empleados expresar sus puntos

de vista e inquietudes.

2. Reconocimiento y Recompensas: Reconocer y recompensar a los empleados por sus contribuciones y logros.

3. Programas de bienestar de los empleados: invertir en iniciativas de bienestar de los empleados para promover el equilibrio entre la vida laboral y personal y el bienestar general.

4. Mecanismos de resolución de conflictos: Establecer procesos claros para abordar conflictos y quejas de manera justa e imparcial.

Ejemplo: Iniciativa de participación de los empleados en la empresa Y

La empresa Y, una cadena minorista, implementó recientemente una iniciativa de participación de los empleados destinada a fomentar un sentido de pertenencia y motivación entre su personal. La iniciativa incluye reuniones públicas periódicas donde los empleados pueden expresar sus opiniones y compartir comentarios con la alta dirección. Además, la Compañía Y ha introducido un programa de reconocimiento de empleados que destaca el desempeño y las contribuciones sobresalientes. Como resultado, la moral de los empleados ha mejorado notablemente, lo que ha llevado a una mayor productividad y menores tasas de rotación.

En conclusión, el Reclutamiento y Selección, la Capacitación y el Desarrollo y las Relaciones con los Empleados son tres componentes interconectados de la gestión de recursos humanos que son esenciales para construir una fuerza laboral capacitada, comprometida y motivada. Al implementar estrategias efectivas en estas áreas, las organizaciones pueden crear un ambiente de trabajo positivo, mejorar el desempeño de los empleados e impulsar el éxito organizacional.

Capítulo 10: Gestión financiera

La gestión financiera es un aspecto crucial del funcionamiento de cualquier organización, ya sea una pequeña empresa, una organización sin fines de lucro o una gran corporación. Implica diversas prácticas y procesos que ayudan a planificar, controlar y monitorear los recursos financieros de una entidad para lograr sus objetivos financieros. En este capítulo, profundizaremos en tres componentes clave de la gestión financiera: presupuestación, análisis financiero y gestión del flujo de efectivo.

1. Presupuesto

El presupuesto es el proceso de crear un plan detallado para la asignación de recursos financieros para lograr las metas y objetivos de una organización. Sirve como hoja de ruta para la toma de decisiones financieras y ayuda a establecer objetivos, controlar gastos y evaluar el desempeño. La elaboración de presupuestos implica estimar los ingresos y gastos para un período específico, generalmente un año fiscal, y monitorear el desempeño real en comparación con el presupuesto.

Ejemplo: Consideremos una pequeña empresa manufacturera que quiere crear un presupuesto para el próximo año. El equipo directivo de la empresa comienza recopilando datos financieros históricos y tendencias del mercado para pronosticar ventas, costos de producción, gastos de marketing y otros elementos relevantes. Con base en esta información, crean un presupuesto que describe los ingresos y costos esperados para cada mes del año.

El presupuesto incluye proyecciones de ingresos por ventas, costos de producción, gastos de marketing, costos generales y otros gastos operativos. También incluye proyecciones de flujo de caja para garantizar que la empresa tenga suficiente liquidez para cumplir con sus obligaciones financieras. A lo largo del año, el equipo directivo compara el desempeño financiero real con el presupuesto y realiza los ajustes necesarios para mantener el rumbo.

2. Análisis financiero

El análisis financiero es el proceso de evaluar la salud financiera y el desempeño de una organización mediante el examen de sus estados financieros, indicadores clave de desempeño y otros datos financieros. El objetivo del análisis financiero es evaluar la estabilidad financiera, la rentabilidad y la eficiencia de una organización y tomar decisiones informadas basadas en los hallazgos.

Ejemplo: tomemos el ejemplo de una empresa minorista que quiere realizar un análisis financiero para evaluar su desempeño durante el año pasado. El analista financiero de la empresa comienza recopilando el estado de resultados, el balance y el estado de flujo de efectivo de la empresa para analizar su situación financiera.

El analista calcula índices financieros clave, como índices de rentabilidad (por ejemplo, margen bruto, margen de beneficio neto), índices de liquidez (por ejemplo, índice circulante, índice rápido) y índices de eficiencia (por ejemplo, rotación de inventario, rotación de cuentas por cobrar). Al analizar estos índices y compararlos con puntos de referencia de la industria o tendencias históricas, el analista puede identificar áreas de fortaleza y debilidad en el desempeño financiero de la empresa.

Con base en el análisis financiero, el equipo directivo de la empresa puede tomar decisiones informadas en áreas como estrategias de precios, medidas de control de costos, oportunidades de inversión y opciones de financiamiento para mejorar el desempeño financiero de la empresa.

3. Gestión del flujo de caja

La gestión del flujo de efectivo es el proceso de monitorear, analizar y optimizar las entradas y salidas de efectivo de una organización para garantizar suficiente liquidez para las operaciones diarias y el crecimiento futuro. La gestión eficaz del flujo de efectivo implica pronosticar los flujos de efectivo, gestionar el capital de trabajo, optimizar los saldos de efectivo e implementar estrategias para mejorar la eficiencia del flujo de efectivo.

Ejemplo: Considere una empresa de tecnología emergente que está experimentando un rápido crecimiento y necesita administrar su flujo de efectivo de manera efectiva para respaldar sus planes de expansión. El equipo financiero de la empresa comienza pronosticando las entradas de efectivo de la empresa provenientes de los ingresos por ventas y los ingresos por inversiones y las salidas de gastos operativos, gastos de capital y pagos de deuda.

El equipo monitorea el flujo de caja de la empresa de forma regular para identificar posibles déficits o excedentes de efectivo y toma medidas proactivas para abordarlos. Esto puede incluir negociar condiciones de pago con proveedores, acelerar el cobro de cuentas por cobrar, gestionar niveles de inventario u obtener financiamiento adicional para respaldar iniciativas de crecimiento.

Al implementar prácticas efectivas de gestión del flujo de efectivo, la empresa puede asegurarse de tener suficiente efectivo disponible para cubrir sus gastos operativos, buscar oportunidades de crecimiento y afrontar cualquier desafío financiero inesperado que pueda surgir.

En conclusión, la elaboración de presupuestos, el análisis financiero y la gestión del flujo de efectivo son componentes esenciales de la gestión financiera que desempeñan un papel fundamental a la hora de guiar las decisiones financieras de una organización. Al implementar prácticas sólidas de gestión financiera y utilizar estas herramientas de manera efectiva, las organizaciones pueden optimizar su desempeño financiero, mitigar riesgos y lograr sus objetivos estratégicos.

Capítulo 11: Gestión de marketing

El marketing es una función crucial en cualquier organización que implica comprender las necesidades y deseos de los clientes, crear valor para los clientes y entregar ese valor de manera efectiva para impulsar el crecimiento empresarial. La gestión de marketing es el proceso de planificar, implementar y controlar las actividades de marketing para lograr los objetivos de la organización. En este capítulo, profundizaremos en aspectos clave de la gestión de marketing, incluidas las estrategias de marketing, la investigación de mercado, la marca y las promociones.

Estrategias de marketing:

Las estrategias de marketing son los planes o enfoques generales que utilizan las organizaciones para lograr sus objetivos de marketing. Estas estrategias se desarrollan con base en un conocimiento profundo del mercado objetivo, la competencia y las capacidades de la organización. Las estrategias de marketing eficaces ayudan a las empresas a obtener una ventaja competitiva, aumentar la cuota de mercado e impulsar el crecimiento. Exploremos algunas estrategias de marketing comunes utilizadas por las organizaciones:

1. Estrategia de diferenciación: Una de las estrategias de marketing más utilizadas es la diferenciación de productos. Las empresas diferencian sus productos o servicios destacando características únicas, diseño, calidad o servicio al cliente para destacar en el mercado. Por ejemplo, Apple diferencia sus productos centrándose en la innovación, el diseño y la experiencia del usuario, diferenciándose de sus competidores.

2. Estrategia de liderazgo en costos: en esta estrategia, las empresas se esfuerzan por convertirse en el productor de bajo costo en su industria. Al reducir los costos mediante operaciones eficientes, economías de escala o ventajas de abastecimiento, las empresas pueden ofrecer productos o servicios a precios más bajos que los competidores. Walmart es un excelente ejemplo de una empresa que ha implementado con éxito una estrategia de liderazgo en costos en la industria minorista.

3. Estrategia de marketing de nicho: el marketing de nicho implica dirigirse a un segmento específico del mercado con necesidades o preferencias únicas. Al centrarse en un nicho de mercado, las empresas pueden adaptar sus productos o servicios para satisfacer los requisitos específicos de ese segmento y construir una base de clientes leales. Ejemplos de empresas que utilizan marketing de nicho incluyen Toms Shoes, que se dirige a consumidores con conciencia social, y GoPro, que atiende a entusiastas de los deportes de acción.

4. Estrategias de crecimiento: Las estrategias de crecimiento tienen como objetivo ampliar la presencia en el mercado o aumentar las ventas de los productos existentes. Estas estrategias pueden incluir penetración de mercado (vender más

productos existentes en los mercados actuales), desarrollo de mercado (ingresar a nuevos mercados con productos existentes), desarrollo de productos (introducir nuevos productos en los mercados existentes) o diversificación (expandirse a nuevos productos y nuevos mercados). . Por ejemplo, Coca-Cola ha buscado el desarrollo del mercado ingresando a mercados emergentes en Asia y África.

Investigación de mercado:

La investigación de mercado es un componente crítico de la gestión de marketing que implica recopilar, analizar e interpretar información sobre las tendencias del mercado, el comportamiento del consumidor, los competidores y el entorno empresarial en general. La investigación de mercado proporciona información valiosa que guía la toma de decisiones y ayuda a las organizaciones a identificar oportunidades y desafíos en el mercado. Exploremos algunos aspectos clave de la investigación de mercado:

1. Tipos de investigación de mercado: la investigación de mercado se puede clasificar en dos tipos principales: investigación primaria e investigación secundaria. La investigación primaria implica recopilar datos de primera mano directamente del mercado objetivo a través de encuestas, entrevistas, grupos focales y observaciones. La investigación secundaria implica recopilar datos existentes de fuentes como informes de la industria, publicaciones gubernamentales y estudios académicos.

2. Segmentación del mercado: La segmentación del mercado es el proceso de dividir el mercado en distintos grupos de

consumidores con necesidades, preferencias y características similares. Al identificar segmentos de mercado, las empresas pueden adaptar sus estrategias y ofertas de marketing para satisfacer eficazmente los requisitos específicos de cada segmento. Por ejemplo, una empresa de cosméticos puede segmentar su mercado basándose en datos demográficos (edad, género), psicográficos (estilo de vida, valores) o comportamiento (patrones de uso).

3. Análisis competitivo: el análisis competitivo implica evaluar las fortalezas, debilidades, estrategias y posiciones de mercado de los competidores para identificar oportunidades y amenazas en el mercado. Al comprender el panorama competitivo, las empresas pueden desarrollar estrategias para diferenciarse, capitalizar las debilidades de los competidores y mejorar su ventaja competitiva. Herramientas como el análisis FODA (fortalezas, debilidades, oportunidades, amenazas) se utilizan comúnmente para el análisis competitivo.

4. Investigación sobre el comportamiento del consumidor: comprender el comportamiento del consumidor es esencial para desarrollar estrategias de marketing eficaces. La investigación sobre el comportamiento del consumidor explora cómo y por qué los consumidores toman decisiones de compra, qué factores influyen en sus elecciones y cómo interactúan con los productos y las marcas. Al obtener información sobre las preferencias, motivaciones y actitudes de los consumidores, las empresas pueden satisfacer mejor las necesidades de los clientes y crear campañas de marketing específicas.

Marca y promociones:

La marca y las promociones desempeñan un papel crucial a la hora de moldear las percepciones de los clientes, crear conciencia de marca e impulsar las ventas. Las marcas fuertes tienen el poder de crear conexiones emocionales con los consumidores, fomentar la lealtad y diferenciar los productos en un mercado abarrotado. Profundicemos en los conceptos de branding y promociones y su impacto en la gestión del marketing:

1. Branding: Branding abarca el proceso de creación de una identidad, imagen y reputación únicas para un producto, servicio o empresa. Una marca sólida es más que un simple logotipo o un nombre; representa los valores, la personalidad y la promesa que una empresa transmite a sus clientes. Las marcas no sólo diferencian los productos de los competidores sino que también crean confianza, lealtad y reconocimiento entre los consumidores. Ejemplos de marcas globales exitosas incluyen Apple, Nike, Coca-Cola y Disney.

2. Valor de marca: El valor de marca se refiere al valor intangible que una marca tiene en la mente de los consumidores. Representa la percepción, el conocimiento y las asociaciones que los consumidores tienen con una marca, influyendo en sus decisiones de compra y lealtad. El valor de la marca se puede construir a través de mensajes de marca consistentes, productos o servicios de calidad, experiencias positivas de los clientes y esfuerzos de marketing efectivos. Las empresas con un fuerte valor de marca pueden obtener precios superiores, ganar participación de mercado y afrontar los desafíos competitivos de manera más efectiva.

3. Posicionamiento de marca: El posicionamiento de marca

implica definir cómo se percibe una marca de manera distintiva en el mercado en relación con los competidores. Incluye identificar la propuesta de valor única, el público objetivo y los mensajes clave que diferencian la marca. El posicionamiento de marca eficaz ayuda a las empresas a construir una identidad de marca sólida, comunicar su promesa de marca y conectarse con los consumidores a nivel emocional. Por ejemplo, Volvo se posiciona como una marca centrada en la seguridad, dirigida a familias y consumidores preocupados por la seguridad.

4. Promociones: Las promociones son actividades de marketing diseñadas para comunicarse con los clientes, generar interés e impulsar las ventas de productos o servicios. Las estrategias promocionales pueden incluir publicidad, promociones de ventas, descuentos, concursos, patrocinios, eventos y campañas de relaciones públicas. El objetivo de las promociones es crear conciencia de marca, estimular la demanda, aumentar las ventas e interactuar con los clientes. Las promociones exitosas pueden ayudar a las empresas a llegar a nuevas audiencias, fortalecer las relaciones con los clientes y lograr objetivos de marketing.

5. Comunicaciones de marketing integradas (IMC): Las comunicaciones de marketing integradas son un enfoque que alinea todas las actividades de comunicación de marketing para entregar un mensaje coherente y unificado a través de diferentes canales y puntos de contacto. IMC garantiza que todos los esfuerzos promocionales, incluida la publicidad, las relaciones públicas, el marketing directo, las redes sociales y las ventas personales, trabajen juntos de manera sinérgica para crear una experiencia de marca coherente para los clientes. Al integrar canales de comunicación y mensajes, las empresas pueden

mejorar la coherencia de la marca, llegar al público objetivo de forma eficaz y maximizar el impacto de sus esfuerzos de marketing.

En conclusión, la gestión de marketing es una disciplina multifacética que requiere un conocimiento profundo de los clientes, los mercados, los competidores y las capacidades internas. Al desarrollar estrategias de marketing efectivas, realizar investigaciones de mercado integrales, crear marcas sólidas y ejecutar promociones atractivas, las organizaciones pueden impulsar el crecimiento, generar lealtad de los clientes y lograr el éxito a largo plazo en el entorno empresarial dinámico. El marketing no se trata sólo de vender productos o servicios; se trata de crear valor, construir relaciones y establecer conexiones significativas con los clientes para impulsar el crecimiento empresarial sostenible.

Capítulo 12: Gestión de Operaciones

La gestión de operaciones es un aspecto crucial de cualquier organización, que implica diseñar, gestionar y mejorar los procesos que crean bienes o servicios. Este capítulo se centra en tres componentes clave de la gestión de operaciones: mejora de procesos, gestión de la calidad y gestión de la cadena de suministro. Cada una de estas áreas juega un papel vital en la optimización de las operaciones y garantizar la eficiencia y eficacia de una organización. En esta explicación detallada, profundizaremos en cada uno de estos componentes, brindando ejemplos y destacando su importancia para impulsar el éxito organizacional.

La mejora de procesos

La mejora de procesos consiste en mejorar la eficiencia y eficacia de los procesos operativos dentro de una organización. Implica identificar áreas que se pueden mejorar, analizar los flujos de trabajo actuales e implementar cambios para optimizar las operaciones y eliminar el desperdicio. Se utilizan diversas metodologías y herramientas en la mejora de procesos, como Six Sigma, Lean y Total Quality Management (TQM). Estas metodologías tienen como objetivo estandarizar procesos, reducir defectos, mejorar la productividad y, en última instancia, ofrecer mejores resultados.

Ejemplos de mejora de procesos:

1. Implementación de Six Sigma: Six Sigma es una metodología basada en datos que tiene como objetivo mejorar los resultados del proceso mediante la identificación y eliminación de defectos. Por ejemplo, una empresa manufacturera puede utilizar Six Sigma para reducir los defectos en su línea de producción, lo que genera productos de mayor calidad y menores costos.

2. Lean Manufacturing: Los principios Lean se centran en minimizar el desperdicio y optimizar la eficiencia. Un ejemplo de fabricación ajustada sería implementar un sistema de inventario justo a tiempo para reducir los costos de mantenimiento del inventario y mejorar la rotación del inventario.

3. Gestión de la calidad total (TQM): TQM implica la mejora continua de procesos, productos y servicios para cumplir o superar las expectativas del cliente. Por ejemplo, una organización de servicios puede utilizar la TQM para recopilar comentarios de los clientes, identificar áreas de mejora y mejorar los procesos de prestación de servicios.

La mejora de procesos es un esfuerzo continuo que requiere colaboración entre diferentes departamentos y niveles de una organización. Al perfeccionar continuamente los procesos, las organizaciones pueden lograr una mayor productividad, menores costos y una mejor satisfacción del cliente.

Gestión de la calidad

La gestión de la calidad es un aspecto fundamental de la gestión de operaciones que se centra en garantizar que los productos o servicios cumplan o superen las expectativas del cliente. Implica establecer estándares de calidad, monitorear el desempeño e implementar procesos para brindar una calidad constante. La gestión de la calidad puede ayudar a las organizaciones a construir una reputación positiva, aumentar la lealtad de los clientes e impulsar la mejora continua.

Ejemplos de Gestión de Calidad:

1. Inspecciones de control de calidad: realizar inspecciones de calidad en diversas etapas de producción para identificar defectos y garantizar que los productos cumplan con los estándares de calidad. Por ejemplo, un fabricante de automóviles puede inspeccionar cada vehículo antes de salir de fábrica para garantizar que cumpla con los requisitos de seguridad y calidad.

2. Certificación ISO 9001: La obtención de la certificación ISO 9001 demuestra el compromiso de una organización con la gestión de la calidad. Por ejemplo, una empresa de desarrollo de software puede buscar la certificación ISO 9001 para garantizar que sus productos cumplan con los estándares internacionales de calidad.

3. Iniciativas de Mejora Continua: Implementar iniciativas como Kaizen, que implica pequeñas mejoras continuas en procesos y productos. Por ejemplo, una organización sanitaria puede utilizar Kaizen para reducir los tiempos de espera de los pacientes y mejorar la calidad de la atención.

Las prácticas de gestión de calidad ayudan a las organizaciones a identificar áreas de mejora, reducir defectos y mejorar la satisfacción del cliente. Al priorizar la calidad, las organizaciones pueden crear una ventaja competitiva y construir relaciones a largo plazo con los clientes.

Gestión de la cadena de suministro

La gestión de la cadena de suministro implica supervisar el flujo de bienes, servicios, información y finanzas desde los proveedores hasta los clientes. Abarca todo el proceso de abastecimiento, producción y entrega de productos o servicios para satisfacer la demanda de los clientes de manera eficiente y efectiva. La gestión eficaz de la cadena de suministro puede ayudar a las organizaciones a reducir costos, mejorar el servicio al cliente y mejorar la competitividad en el mercado.

Ejemplos de gestión de la cadena de suministro:

1. Gestión de relaciones con proveedores: construir relaciones sólidas con proveedores para garantizar un suministro estable de materias primas y componentes. Por ejemplo, un minorista de ropa puede trabajar en estrecha colaboración con proveedores de textiles para conseguir materiales de alta calidad a precios competitivos.

2. Previsión de la demanda: utilizar datos históricos y tendencias del mercado para predecir la demanda futura de productos. Por ejemplo, un fabricante de productos electrónicos de consumo puede utilizar la previsión de la demanda para optimizar los programas de producción y evitar desabastecimientos.

3. Logística y Distribución: Gestionar el transporte, el almacenamiento y el inventario para garantizar la entrega oportuna

de los productos a los clientes. Por ejemplo, una empresa de comercio electrónico puede optimizar su red logística para ofrecer opciones de envío rápidas y confiables a los clientes.

La gestión eficaz de la cadena de suministro es esencial para que las organizaciones operen de manera eficiente y cumplan con las expectativas de los clientes. Al optimizar los procesos de la cadena de suministro, las organizaciones pueden reducir los tiempos de entrega, mejorar la gestión de inventario y mejorar el rendimiento operativo general.

En conclusión, la mejora de procesos, la gestión de la calidad y la gestión de la cadena de suministro son componentes integrales de la gestión de operaciones que desempeñan un papel crucial para impulsar el éxito organizacional. Al centrarse en la mejora continua, el aseguramiento de la calidad y las operaciones eficientes de la cadena de suministro, las organizaciones pueden optimizar los procesos, ofrecer productos y servicios de alta calidad y lograr una ventaja competitiva en el mercado. Adoptar estos principios y prácticas puede ayudar a las organizaciones a adaptarse a las condiciones cambiantes del mercado, mejorar la satisfacción del cliente y lograr un crecimiento sostenible a largo plazo.

www.ingramcontent.com/pod-product-compliance
Lightning Source LLC
Chambersburg PA
CBHW050118230526
45470CB00004B/1892